朝日新書
Asahi Shinsho 793

坂本龍馬と高杉晋作

「幕末志士」の実像と虚像

一坂太郎

朝日新聞出版

はじめに

坂本龍馬《さかもとりょうま》（一八三五〜六七）は土佐藩郷士《ごうし》の次男で、諱《いみな》（本名）は直陰《なおかげ》（のち直柔《なおなり》）、才谷梅《さいたにうめ》太郎《たろう》などと変名した。

高杉晋作《たかすぎしんさく》（一八三九〜六七）は長州藩士の嫡男で諱は春風《はるかぜ》、字《あざな》は暢夫《ちょうふ》。晋作の他に東一《とういち》・和助《わすけ》とも称し、楠樹《なんじゅ》・東行《とうぎょう》・赤間《あかま》隠人《いんじん》・市隠《しいん》・些々《ささ》などと号した。谷梅之進《たにうめのすけ》・備後屋《びんごや》助一郎《すけいちろう》などと変名したが、慶応元年（一八六五）九月からは藩命により谷潜蔵《たにせんぞう》と改名する。

昨年（二〇一九年）末来、全世界をコロナ禍が席巻し、日本でも国難という言葉を聞くようになって久しい。

百数十年前の「幕末」も西洋列強の外圧、国内では戦争、暴動、暗殺、大地震、疫病などと国難続きで指導者たちは迷走を重ねた。そんな中、時に捨て身になり政治運動に奔走する「志士」と呼ばれる若者が全国的に大量発生する。

中でも坂本龍馬と高杉晋作は「志士」の代名詞で、いまなお人気、知名度で群を抜く。ただ、ひと口に「志士」と言っても、さまざまなタイプがいる。龍馬は本来政治に直接係われない草莽《そうもう》で、晋作は根っから政治に係わらねばならない官僚・政治家である。

共通するのはかれらが艱難《かんなん》を楽しみ、突破することに生きがいを求めるタイプの人間だったことであろう。かつて奇兵隊で戦い、維新後は軍人政治家になった三浦梧楼《ごろう》は晋作の思い出を次のように語った。

「いかなる困難に遭遇しても、綽々《しゃくしゃく》として余裕ある態度を以て切り抜けられた」(『日本及日本人・六七七号』大正五年)

あるいは龍馬は、周囲からなかなか理解されない異端者の苦しい胸中を、

「世の人はわれをなにともゆはゞいへ　わがなすことはわれのみぞしる」

と詠んだ。

日本人はほんらい農耕民族だと言われる。「村社会」を大事にするから、怖いもの、未知のものを避けて通ろうとする習性が強い。だが、稀にすすんで困難に近づく者がいてトラブルを引き起こしたりする。こうした異端者は、平時には迷惑な存在だろう。しかし乱世になると水を得た魚のごとく縦横無尽に活躍して、ついにはパイオニアになってしまう。

龍馬と晋作は、短い生涯の中でわずか数回しか会っていない。ただ、会ったことは確かである。現代よりも少し前の社会は、人と人とが出会うことが非常に大きな意味を持っていた。近年SNSの急速な発達もあり、在宅勤務が奨励されるような社会になった。その利点は理解しながらも、人と会わなくても成り立つような社会が果たしていつまで続くのか、不安でもある。危機が人をつくると言うが、本書ではなぜ「志士」が生まれ、活動したのかを、さまざまな点で異なる龍馬と晋作の生涯をモデルケースに選び、時に対比しながら史料に沿って見てゆきたい。

※引用史料は送り仮名を加えたり、漢字を平仮名に開いたりと、読みやすく改めている。元号はその年の途中で改元されても、年頭から新しい元号を原則として使っている。
※参考文献等は文中にその都度示したが、山口県教育会編『吉田松陰全集』全一二冊（昭和一五年）、一坂太郎編『高杉晋作史料』全三冊（平成一四年）、宮地佐一郎編『龍馬の手紙』（平成一五年）は特に頻繁に使用した。

坂本龍馬と高杉晋作

「幕末志士」の実像と虚像

目次

第3章 横議横行

第4章　尊王攘夷 107

第6章 薩長同盟

第8章　王政復古　231

図版・谷口正孝

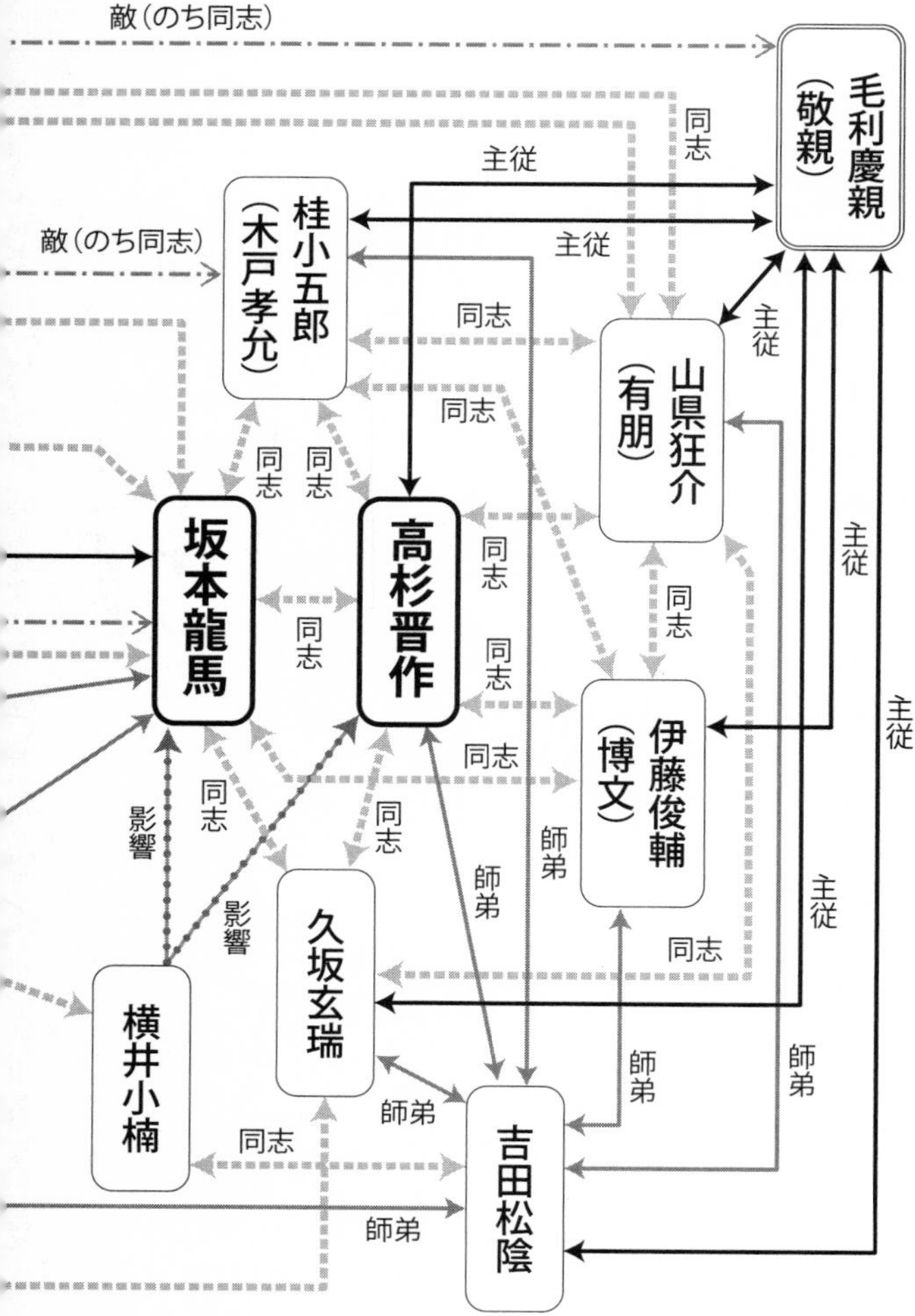

敵（のち同志）
毛利慶親（敬親）
主従
同志
桂小五郎（木戸孝允）
敵（のち同志）
主従
同志
山県狂介（有朋）
主従
同志
同志
同志
坂本龍馬
高杉晋作
同志
同志
主従
同志
同志
伊藤俊輔（博文）
主従
同志
影響
同志
師弟
影響
師弟
主従
久坂玄瑞
同志
横井小楠
師弟
師弟
師弟
同志
吉田松陰
師弟

龍馬・晋作周辺の幕末志士ら相関図

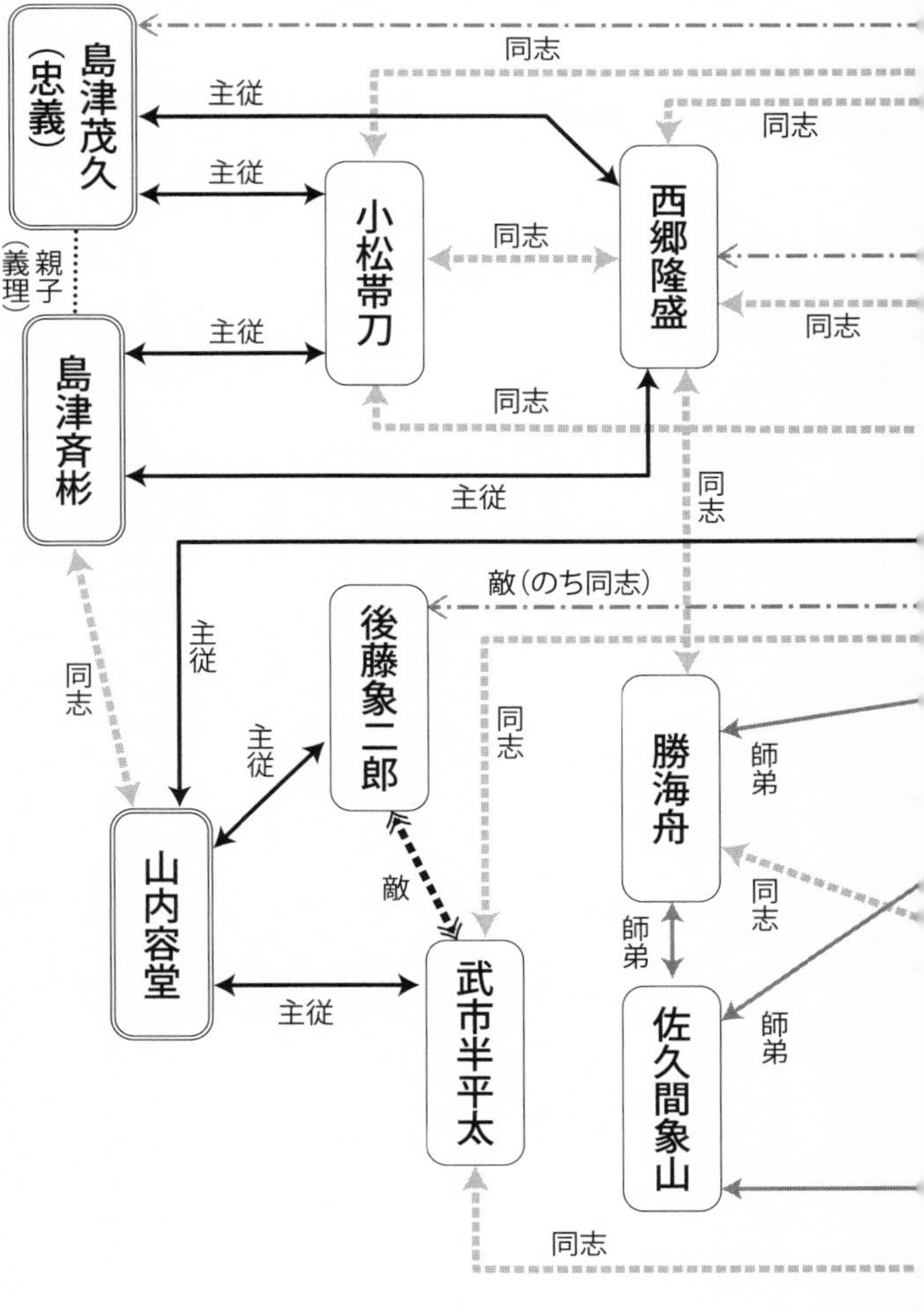

第1章　黒船

龍馬、一通目の書簡

坂本龍馬は数え年三三という短い生涯だったが、沢山の書簡を残したことで知られる。宮地佐一郎編『龍馬の手紙』（平成一五年）には一三六通が収められている。

もっとも今日伝わるのは、龍馬の政治的ポジションと知名度が上昇した晩年、慶応の三年間（一八六五〜六七）の書簡が大半で、全部で一二〇通以上もある。それ以前の無名（？）時代のものは、わずか十数通を数えるのみである。虚構に覆い尽くされた龍馬の生涯だが、書簡は実像に近づくための貴重な史料であるのは言うまでもない。

書簡群の巻頭を飾るのが、一九歳の嘉永六年（一八五三）九月二三日、江戸から土佐高知にいる父の坂本八平直足に宛てた一通である。土佐藩（山内家・二四万石）から一五カ月の暇を貰った龍馬は同年四月下旬か五月上旬ころ、剣術修業のため江戸に出て来たばかりだった。この書簡は時候の挨拶を述べた後、

「兄御許《おもと》にアメリカ沙汰申し上げ候につき、御覧なさるべく候……異国船御手宛の儀は先ず免ぜられ候が、来春は又人数に加わり申すべく存じ奉り候」

と続く。兄権平《ごんぺい》に送ったという「アメリカ沙汰」とは、この年六月三日、アメリカの黒船四隻を率いて浦賀沖に来航した、ペリー提督が持参したアメリカ大統領の国書の写しだろうか。

同書の翻訳は幕府が公表したため、すでに一般にも流布していた。

アメリカは日本を中国貿易の寄港地とすべく、高圧的な態度で幕府に和親通商を求める。幕府は西洋諸国の中ではオランダとのみ、長崎で交流を続けて来た。幕府が来年の返答を約束したため、ペリー艦隊は一二日、江戸湾から去った。そして二二日には病床にあった将軍徳川家《いえ》慶《よし》が病没する。

ペリー来航により、土佐藩も幕府から品川あたりの警固を任された。龍馬のような遊学生にも、非常呼集がかかる。先の書簡によると警固人数から一旦は除かれたが、来春ペリーが再来する際はまた動員されると言う。追伸では金子を送ってもらった礼を述べた後、

「異国船処々に来たり候由に候えば、軍《いくさ》も近き内と存じ奉り候。其の節は異国の首を打ち取り、帰国つかまつるべく候。かしく」

と、締めくくる。ペリーが再来すれば戦争になると見ていたようで、外国人の首を討ち取って帰国するとは、ずいぶんと勇ましい。

坂本龍馬。長崎で撮影された

書簡の真贋

ペリー来航の頃の龍馬は時事問題に関心が薄かったとの説もあるが、父宛て書簡を読む限りでは、そうでもない。薄いどころか、激しい攘夷論を唱える後期水戸学の影響も感じられる。

この手紙は龍馬の唯一の黒船レポートで、当時の龍馬の思いを伝えるものとして、多くの龍馬伝記に引用されている。もっとも、真贋《しんがん》については一考の余地が無いわけではない。

第一の問題点は、伝来がはっきりしないことだ。現在のところ直筆原本（原翰）がどこにあるのか、手がかりすらつかめない。管見の範囲では、写真版（影印）もない。

龍馬史料集の古典とも言うべき岩崎英重（鏡川《きょうせん》）編『坂本龍馬関係文書・一』（大正一五年）に、「野島家文書」を出典として活字で紹介（翻刻《ほんこく》）されたのが最初のようである。以後はそこから引用され続けて来た、活字でしか見られない史料なのである。

だが、所蔵者の「野島」がどのような家なのか、なぜ、龍馬の父宛ての書簡を所蔵していたのかも分からない。坂本家の系図などを探しても、「野島」という家は見当たらない。ちなみに龍馬の家信の大半は坂本家に伝わり、現在は京都国立博物館が所蔵している。他に散逸しているものも若干あるが、ほとんどはある程度由来がはっきりしている。

そこで、『坂本龍馬関係文書』以前に出た文献を見てみよう。坂本家縁者が著した伝記の弘松宜枝『阪本龍馬』（明治二九年）や、四〇年祭を機に編まれた坂本中岡弔祭会『坂本中岡両氏遺墨紀念帖』（明治三九年）などは、この書簡には触れていない。もし、知っていたら一部なりとも引用していたと考えるのが自然だ。そう思って読むと志士、壮士くさい文面もどこかわざとらしく、気になってしまう。内容も龍馬本人でなければ、絶対に書けないというものでもなさそうだ。

いつの時代も龍馬人気は高い。そのため偽筆も、実に多い。需要に応じて、真筆の何倍もの量の偽筆が作られたようである。私も龍馬の偽筆には、何度もお目にかかっている。現段階でこの書簡を、偽筆と決めつけるわけではない。しかし来歴もはっきりせず、筆跡も確認出来ないのなら、原翰もしくはその写真でも見つからない限りは、疑問符を付けざるをえない「史料」だと思う。

佐久間象山に入門

父宛て書簡の真贋問題はともかく、一九歳の龍馬は嘉永六年（一八五三）六月三日時点で江戸で生活しており、江戸湾に浮かぶペリー艦隊を目の当たりにしたのは確かだろう。鋼鉄で覆われ、黒煙を吐く黒船は、龍馬に日本に迫り来る外圧を意識させるに十分だったはずだ。

龍馬の江戸遊学の目的は、剣術修行だった。坂本の家格は土佐藩の中では下士にあたる郷士《ごうし》で、高知城下本丁筋に屋敷を構えていた。天保六年（一八三五）に生まれた龍馬は坂本家の次男である。

龍馬はすでに嘉永六年三月に、故郷高知の小栗流日根野弁治道場で剣術の「兵法事目録」を授けられていた。つづいて江戸の名だたる道場に乗り込んで箔を付け、高知で道場でも開こうと考えたのかも知れない。

だが、龍馬がこの時江戸でどこの道場にいたのか、実ははっきりしていない。北辰一刀流の千葉周作、あるいはその弟の定吉の道場に入門したともいう。黒船騒動で、剣術どころではなくなったのかも知れない。確かなのはその年の一二月一日に、木挽町《こびき》で西洋砲術の塾を開いていた佐久間象山に入門したことだ。象山の塾の「及門帳」（『象山全集・五』昭和一〇年）に土佐の大庭毅平・谷村才八と共に名を連ねている。あるいは入門は砲術に力を入れていた藩の意向だったのかも知れない。

松代《まつしろ》藩士佐久間象山は最初、儒者として知られ、江戸の神田お玉が池に私塾を開いた。藩主真田幸貫《ゆきつら》が幕府の海防掛老中となるや西洋兵学を研究し、その道の大家となる。代表的著作『省諐録《せいけんろく》』では、日本が進むべき道を「東洋の道徳（儒学）、西洋の芸術（科学）」と説く。日本民族が優秀だと強く信じていたが、科学の欠乏を問題視していた。

龍馬が西洋砲術に関心を寄せていたのは確かで、翌年土佐に帰国後も地元の西洋砲術家徳弘孝蔵に入門している。つづいて安政二年（一八五五）一一月には高知の仁井田浜で行われた砲術稽古にも兄権平とともに参加して十二斤軽砲を撃ち、八丁（約八八〇メートル）飛ばす等の成績を残した。

有志大名の登場

一九世紀になるとイギリスで起こった産業革命の波がヨーロッパ、アメリカに波及した。資本主義を確立した西洋列強は、東アジアに市場を求めて進出して来る。西暦一八四二年にはイギリスにアヘン戦争で敗れた清朝中国が南京条約により、上海はじめ五港を開かされ、香港を割譲させられるなど、なかば植民地のような支配を受けるに至った。

ペリー来航で江戸はたちまち大混乱に陥った。黒船艦隊は勝手に江戸湾を測量する。積んでいる砲には実弾が込められ、乗組員たちはそれぞれの部署につき、戦闘態勢をとっている。ただちに戦争が始まるとの噂が飛び交い、武具の値段が急騰したりした。

幕府はアヘン戦争の情報などから、到底太刀打ち出来る相手ではないことは理解している。だから幕府は、アメリカ大統領の国書をおとなしく受理せざるをえない。

ペリー来航を機に、幕藩体制は大幅な改革を余儀なくされた。国内統制のためのルールは、外敵に対処するためのルールに一八〇度変えざるをえなくなる。海防強化のため江戸湾に品川台場を築造したり、最高法規「武家諸法度《しょはっと》」で禁じられていた、大名による大船（五〇〇石以上）の建造を解禁した。あるいは人材登用も積極的に行われた。

通商を求めるアメリカの国書にはどう対処するのか。従来なら、徳川の番頭的な譜代《ふだい》大名から成る幕閣で討議する。だが、幕府の老中首座阿部正弘は決断を下さず、七月、アメリカの国書を翻訳して全国の大名に公開して、意見を募った。

幕府からの問いかけに対し、大名から出た答申は二三二通で、うち鎖国継続を望むものは一三〇通と過半数を占める。だが、即時に拒否せよと訴えるものは少数だった。大半は一旦はアメリカの要求をある程度聞き、実力を蓄えてから鎖国に戻すというものだった。結局、確たる方針が立てられぬまま時間が過ぎてゆく。

ただ、これまで国政に対して発言出来なかった御三家や徳川一門、外様大名などが活気づいたことは大いに意味がある。中でも尾張の徳川慶恕《よしくみ》、薩摩の島津斉彬《なりあきら》、越前の松平慶永《よしなが》（春嶽《しゅんがく》）、宇和島の伊達宗城《むねなり》、土佐の山内豊信《とよしげ》（容堂《ようどう》）などはみずから政治的発言を積極的に行ったから、「有志大名」と呼ばれた。領地内で善政を行えば「名君」と賞されるが、「有志大名」は日本という視点で物事を考えて行動する。

徳川御三家のひとつで、「尊王攘夷」を激しく唱える常陸の水戸藩徳川家も、ペリー来航を機に台風の目と化してゆく。

明暦三年（一六五七）、水戸藩では二代藩主徳川光圀（水戸黄門）による『大日本史』編纂事業がスタートし、天皇を日本国の統治者として敬う「尊王論」が前期水戸学として盛んになった。日本は神の国（神州）で、神の子孫である天皇は日本はもちろん、世界の頭首だという「神国思想」である。

水戸藩は太平洋に面して一三〇キロメートルもの長い海岸線を持っていた。このため江戸後期になり、外圧の危機が高まるや、外国を打ち払おう、排除しようとする「攘夷論」が盛んになる。

九代藩主徳川斉昭《なりあき》はこの二つの潮流を合わせて「尊王攘夷」と呼び、後期水戸学の大きな柱とした。斉昭は幕府の異国船への対応が緩和されるのを非難したため、弘化元年（一八四四）に処罰、隠居させられていた。ところがペリー来航を機に阿部正弘は斉昭を登用して、幕府の海防参与に据える。

かねてから海防という共通の問題を抱える、斉昭と薩摩藩主島津斉彬ら開明派の有志大名は、交流があった。

もっとも、斉彬は嘉永四年（一八五一）の襲封以来、薩摩藩の洋式軍備充実に本格的に取り組み、富国強兵を実行して外圧をのぞこうと考える現実主義者である。集成館という軍事工場を鹿児島に設け、銃や大砲の製造に取り組んでいた。「尊王攘夷」を唱え、天皇を戴くことに異論はないが、それは国内統一のための象徴であり、神国思想にのめり込んでいたわけではない。

斉昭・斉彬に象徴される二つの流れは革新的で、幕府の守旧派にすれば脅威の存在であった。

晋作が生まれ育った環境

さて、本書のもう一人の主人公である高杉晋作はペリー来航時は一五歳で、故郷の長州萩城下で暮らしていた。日々、長州藩校の明倫館で文武修業に励んでいたようである。高杉家は、毛利家が芸州（現在の広島県）を本拠に中国地方一円を領していた戦国の昔から仕える譜代の臣だった。

慶長五年（一六〇〇）九月、関ヶ原合戦で東軍の徳川家康に敗れた毛利家は中国地方八カ国（一一二万石）から、周防・長門の防長二州（三六万九千石）へ大幅に領土を縮小された。敗軍の将となり、広島城を明け渡した毛利輝元は日本海に面した山陰の萩に城を築く。ここに長州藩がスタートする。

毛利家に従い萩に移った高杉家の幕末の家格は大組（八組・馬廻り）で、石高は二〇〇石、

高杉家があった萩城下菊屋横町（山口県萩市）

城下の菊屋横町に屋敷を構えていた。大組とは藩の中では一門、永代家老、寄組につぐ階級で、一千六〇〇石から四〇石までの一千二〇〇家あまりの家から成る。実務を担当する藩政府の首脳部も、藩主の側近も大組の中から選ばれた。

　高杉家も代々能吏を輩出しており、晋作の父小忠太《こちゅうた》（のち丹治《たんじ》）は一七歳で藩主毛利斉元《なりもと》の小姓役として初出仕して以来のエリートである。斉元没後、藩主となった斉広《なりひろ》の近侍を務め、つづく慶親《よしちか》（のち敬親《たかちか》）が藩主となるや小納戸役に進んだ。

　しかも小忠太は長井隼人《はやと》（雅楽《うた》）と共に藩主慶親から、養子で若殿の驥尉《ろくのじょう》（のち定広・広封《ひろあつ》・元徳《もとのり》）の教育掛を任せられていた。この一事だけでも、小忠太がいかに慶親から信頼されていたかが分かるだろう。

驥尉は天保一〇年（一八三九）、長州の支藩のひとつ徳山藩主毛利広鎮の十男として生まれた。小忠太の長男晋作も同年生まれだったから、小忠太は何かと機を見ては晋作を若殿に接近させた。

少年のころの晋作は、弓道を好んだ。春分の際、手際よく柴矢《しばや》一〇〇本のうちの九分通りを作り、驥尉から褒賞を受けたりしている（「履歴草稿」）。順調に進めば、晋作も将来は父と同じく高級官僚として活躍するはずだった。本人も周囲も、その明るい未来を疑う者はなかったであろう。

晋作、黒船を見る

ペリー率いるアメリカ艦隊は約束どおり、安政元年（一八五四）一月一二日、回答を求めて再び江戸湾に姿を見せた。今度は七隻に増えており、しかもアメリカ最大級の艦ポーハタン号（排水量三千八〇〇トン）も加わっていた。

艦隊は浦賀沖から神奈川沖、そして羽田沖まで進んで来る。そして一月二五日には初代大統領の誕生日の祝砲として、一二〇発以上の空砲を撃って日本側を威嚇した。

一六歳の高杉晋作は、この頃江戸にいる。一月一五日に萩を発ち、山陽道から東海道を進み、二月一六日に江戸に入った若殿驥尉の行列に、父小忠太とともに加わっていたのである。

前年の嘉永六年（一八五三）一二月一四日、藩から出た沙汰には番手《ばんて》（警固役）の小忠太の希望により、嫡男晋作を「心添見習」として江戸行きの一行に加えるとある。もう一人の若殿の教育掛長井隼人も希望して、嫡子の長井太郎三郎を列に加えた。父親たちは、それぞれの息子をより若殿に接近させようと競い合っていたようである。

驥尉が江戸に赴いた目的は、慶親とともに将軍徳川家定に拝謁して元服の式を行うことだった。これにより驥尉は長州藩の世子（跡継ぎ）であると公認され、将軍家定から一字貰って「定広」と称し、「従四位下侍従」「長門守」の官位を得る。

ちなみにこの頃の毛利家は「有志大名」ではなく、幕府に従順な外様大名のひとつだった。幕府にとっては、何ら脅威の存在でもない。ペリー来航のさいは迅速に幕府の命に従って大森海岸の警備を担当したため、褒賞を受けている。幕府の問いに対しても、武備守戦にありといった、ありきたりの回答しかしてない。

二月一〇日から神奈川に設けられた応接所において、幕府側とペリーの交渉が開始されていた。晋作は江戸湾に浮かぶ、七隻の黒船艦隊を目撃したはずである。後年晋作が書いたと見られる「履歴草稿」には、この時のこととして、

「十五歳（数えの十六が正しい）、父に従い東行《とうこう》（江戸行き）、読書教場（藩邸内の教育施設か）中

にて修行。一日武学拾粋《ぶがくじゅうすい》を読んで兵法に感じ、右本を自ら写し取りて苦読せしかと思う」とある。晋作が書き写し、苦労して読んだという『武学拾粋』は高遠《たかとお》藩士で儒者の星野常富がこの時から半世紀前に著し、嘉永六年一二月に江戸の本屋名山閣から上梓《じょうし》されたばかりだった。「士操篇上」「士操篇下」「要器篇」「帯甲篇」「陣営篇」「成功篇」「探候篇」「用馬篇」の全八篇六冊から成る、武士の百科事典のような本だ。武士の歴史、武士の心得、武士が身につけるべきこと、軍装や武具の解説に至るまで、こと細かく解説されている（坂部裕郎訳『武学拾粋』平成九年）。

高杉家の嫡男である晋作は将来、世の治者《ちしゃ》となるための学問を積んでいた。一〇代半ばだったが、外圧の象徴である黒船を目の当たりにして、日本の将来を真剣に考えていたはずである。

日米和親条約締結

ペリー再来に右往左往した挙げ句、幕府は一応の方針を立てた。それは海防施設がまだ完備していないので国書に対しては諾否を明答せず、なるだけ平穏に取り計らうが、万一戦端が開かれた場合は一同奮発して国体を汚さぬよう、上下挙げて忠勤に励めといったものである。

再来したペリー相手に交渉した幕府側の代表は、米国使節応接掛に任ぜられた儒官の林復斎《ふくさい》（大学頭）だった。交渉は安政元年（一八五四）二月一〇日から神奈川の応接所で始まる。

アメリカ側の記録『日本遠征記』を見ると、ペリーは日本を野蛮な半開国と決めつけていたことが分かる。特に披露された相撲については、嫌悪感剝き出しの細かい観察記を残す。力士を「彼等全部は、非常に巨大な肉の塊」とし、取り組みを「胸の悪くなるような演技」などと述べる。また、自分たちが持参した電信と鉄道の模型を相撲と比較して、

「それは日本役人側の嫌悪すべき観せ物に比して、より高い文明的な観せ物で、愉快な対照をなすものであつた」

とする（土屋喬雄・玉城肇訳『ペルリ提督日本遠征記・三』昭和二八年）。

結局数回の交渉のすえ、三月三日に日米和親条約が締結された。もっとも日米両国民の永遠の和親を誓い合ったものの、これは開国の条約とは言い難い。今後アメリカ船に伊豆下田・蝦夷箱館で薪水、食料、石炭などを給与すること、アメリカの漂流民を保護することなどが決められたに過ぎず交易には触れていないからだ。

大統領がペリーに出していた指令は、日本との通商交易だった。それが果たせなかったのは、日本側が拒否したからである。この点につきアメリカ側は、

「か丶る人民に対して二大商業国、例へばイギリスと合衆国間に結ばれるやうな協約の締結を期待するのは、全く馬鹿馬鹿しいことだつたらう……日本人を見ると、彼等は長い間の孤立のため、か丶る利益を知りもしなければ望みもしないといふこと」

などと日本側の無理解を非難する。ペリーが見るところ日本の役人は猜疑心が強く、優柔不断なのだという。ところが、幕府側の記録『墨夷応接録《ぼくいおうせつろく》』(『大日本古文書幕末外国関係文書・附録之一』大正二年)を見ると、理路整然と応対する林にペリーが言い込められ、交易の話を引っ込めた様子が浮かび上がる。

ペリーは最初、日本は漂流民などに対する扱いが酷く、「不仁《ふじん》の至り」と非難し、このままでは戦争の可能性もあると脅す。これを林は否定し、日本は万国のうちでも人命を重んじる国で、だからこそ三〇〇年近く平和が続くと反論する。

つづいてペリーが「国益」を理由に貿易を勧めるや、林はそれは理解しているとしながらも、日本は自給自足出来る国だから不要だと突っぱねる。しかも「人命」と「利益の論」は別だと指摘するや、ペリーはしばらく考え込み「是は御尤《もっと》もの儀に存じ候」と、「人命」の問題で来たのだから、薪水や食料の給与と漂流民の保護をお願いしたいと、あらたまった。

こうして条約締結に至るわけだが、応接所内の具体的な交渉の様子は、外部には知らされない。弱腰の幕府がペリーに押し切られて条約を結んだといった憶測が広まり、やがてそれが幕府打倒のひとつの理由になってゆく。

二人を結び付ける人物

幕末の江戸は二千七〇〇余町、一〇〇万人以上の人口を有する全国一の城下町だった。同じころロンドンは八六万人、パリは五五万人の人口だから、一七世紀前後から一九世紀にかけての江戸は、世界最大の人口を誇る大都市ということになる。

そのような江戸で龍馬と晋作は江戸湾に浮かぶ黒船艦隊を眺めながら、日本に迫り来る危機を感じていた。だが、両者はまだ面識も無ければ、お互いのことなど知らない。

ところが面白いもので、二人の間に立っていた人物がいた。長州の吉田松陰（寅次郎）である。松陰は天保元年（一八三〇）、長州藩士杉百合之助の次男に生まれ、山鹿流兵学師範の吉田家を継いだ。幼少期から秀才の誉れが高く、藩主慶親からもその将来を期待されていた。だがロシアの南下に危機感を募らせ、江戸遊学中の嘉永四年（一八五一）一二月一四日、脱藩して防備視察のために東北地方に走った。このため士籍を奪われ、育《はぐくみ》という実父の監視下に置かれる一方、一〇年の遊歴を許された。そこで嘉永六年五月二四日、江戸へ出て来たところ、間もなくペリー来航に遭遇する。

浦賀に急行して黒船を実見した松陰は、日本の防衛力ではとても太刀打ち出来ない相手だとすぐに理解した。そして「幕吏腰脱《こしぬけ》、賊徒膽驕、国体を失ひ候事千百数ふべからず」（嘉永六年六月二〇日、杉梅太郎宛て松陰書簡）などと、幕府が国の体面を汚したと非難する。このままでは、日本の独立は維持出来ないと考えるようになる。

吉田松陰

二年前の江戸遊学時から、松陰が師事していたのが佐久間象山だった。象山は幕府に海外留学生の派遣を進言するが、聞き入れられない。そこで、外圧の正体を知りたいと願う松陰に、密航するよう勧めた。松陰は長崎に来航したロシアの黒船に乗り込もうとするが、タイミングが合わず失敗する。

つづいて日米和親条約が締結されるや松陰は、弟子にした金子重之輔《じゅうのすけ》とともに安政元年（一八五四）三月二七日深夜、伊豆下田沖に碇泊中の黒船艦隊に小船で近づき、密航させて欲しいと懇願した。だが、アメリカ側は松陰の申し出を拒んだため、松陰は一旦下田奉行所の獄に繋がれ、後日江戸に送られて伝馬町《てんまちょう》獄に投ぜられる。この間、松陰は、

「世の人はよしあし事もいはばいへ　賊《しず》が誠は神ぞ知るらん」

「かくすればかくなるものとしりながら　やむにやまれぬ大和魂」

などと詠んだ。周囲が何と言おうが、国の危機を眼前にしたら、行動を起こさずにはいられなかったとの思いである。そして佐久間象山も四月六日、扇動者として捕らえられ、伝馬町獄

に投ぜられた。半年後松陰・金子と象山はそれぞれ国元蟄居の処分を受け、帰国する。

龍馬・晋作と松陰の関係

松陰の密航未遂事件には、龍馬も晋作も無関係ではいられなかった。

まず、西洋砲術を学び始めた龍馬は、事件のせいで象山という師を失った。

そのうち、一五カ月の暇が終わり、龍馬は帰国の途に就く。弘松宣枝『阪本龍馬』によればわざと無一文で江戸を発って東海道を進み、途中の道場で剣術試合をして謝金を稼ぎながら帰ったという。大坂から海路高知に帰り着いたのは安政元年（一八五四）二度にわたるペリー来航を目撃し、象山の教えを受け、松陰密航未遂事件も間近で体験するという、かなり濃厚な一年余りだったはずだが、疑問符つきの父宛て書簡以外、何の史料も残っていない。

一方の晋作は松陰と同郷人だから、その関係は複雑だった。もっとも、当時はまだ晋作は松陰の門下生ではない。松陰との関係は、晋作よりも小忠太の方が先である。

初めて江戸に遊学した二二歳の松陰の『辛亥《しんがい》日記』によれば嘉永四年（一八五一）五月一七日午後、藩邸で開かれた「高杉会」に出席した。これは、藩主側役《そばやく》だった小忠太が主宰した勉強会と思われる。松陰は、藩主慶親が格段の期待を寄せていた若き兵学者だった。また、藩校明倫館の兵学師範も務めていた。だから小忠太も、松陰と面識があった可能性が高い。

同じ頃、江戸で松陰は佐久間象山に入門するのだが、紹介者は長州藩の蘭学者田上宇平太《たがみうへいた》だった。松陰は兄杉梅太郎宛ての嘉永四年五月二七日書簡で、象山につき、

「真田信濃守様藩人、田上宇平太が紹介にて逢ひ申し候」

と知らせる。実は田上は高杉家の生まれで、田上家に養子に入った。系図上は小忠太の弟で、晋作の叔父にあたる。実際は小忠太の祖父小左衛門の実子だが、何らかの事情で弟という扱いになった。江戸の伊東玄朴塾で蘭学を修め、藩からは西洋書翻訳掛を任され、兵学書を中心に翻訳していた。

松陰の密航未遂事件により、江戸の長州藩上屋敷（日比谷）や下屋敷（麻布）は大騒ぎになる。晋作にすれば父や叔父に関係がある人物が起こした事件だ。無関心でいられるはずがない。捨て身になり、時代と切り結ぼうとするような松陰の生き方は、晋作に何らかの影響をおよぼしたことであろう。

晋作の帰国

晋作がいつまで江戸にいたのか、確かなところは分からない。「履歴草稿」には、

「十六歳（十七歳か）、祖父の命によって国に帰る。夫《それ》より明倫館大学校に入塾。頗る倜儻《てきとう》にして学舎を屑《いさぎよし》とせず」

とあるから、一年程で萩に帰ったと思われる。

帰国を促した祖父の又兵衛は長沼家から婿養子として入り、高杉家を継いだが、大島代官や大坂頭人といった要職を歴任した能吏だった。安政二年（一八五五）二月、七〇歳になるため隠居が認められ、四二歳になる嫡子の小忠太に家督を譲った（山口県立文書館毛利家文庫『高杉小忠太履歴材料』）。晋作が萩に呼び返されたのは、この高杉家の代替わりと関係するのかも知れない。それから晋作は、藩校明倫館の大学部に進み、毎日講堂での会講に出席する。

明倫館は嘉永二年（一八四九）に城内堀内より城下江向《えむかい》に拡大移転していた。経学・歴史・制度・兵学・文章の五科に分かれ、特に時代の要請に従い「武」に力を入れるようになっている。

ただ、嘉永三年に引退したとは言え、学頭だった山県太華《たいが》の影響から保守的な学風も強かった。朱子学を骨子とする太華は大名は幕府の臣であるとし、幕府政権を正当なものだと考えている。これに噛み付いたのが松陰で、安政二年九月ころから激しい論争に発展していた。神国思想の影響を受け、「天下はひとり（天皇）の天下」であるといった国体論を説く松陰を持て余した太華は、「皇国」などと唱え、君臣の分を曖昧にして封建秩序を乱すものとして危険視する。

晋作は自分は「倜儻」ゆえに、学校にはなじめなかったと述べている。倜儻とは、他人の束縛を受けない、独立の気象のさまという（梅溪昇『高杉晋作』平成一四年）。現体制を維持するための学問や、それに疑問を抱かない周囲との間に、晋作は溝が生じてゆく寂しさを痛感していたようだ。

この頃から名利を顧みず、国や藩のために働こうとする「志士」たちが、雨後の筍のように全国各地に誕生する。黒船来航は自分が何をすべきかを模索する者と、しない者の分岐点でもあった。

第2章　開国

龍馬、河田小龍を訪ねる

龍馬が土佐に帰った安政元年（一八五四）から翌二年にかけては世情不安に拍車をかけるかのごとく、大地震や大津波といった大規模な自然災害が関東・関西はじめ各地で起こった。高知も特に安政元年一〇月五日の大地震では大規模な火災が発生し、高潮に襲われ、死者四〇〇人近くを出すなどの甚大な被害を受けている。江戸にいた土佐藩主山内豊信（容堂）は、ただちに願い出て帰国した。龍馬の住む城下上町あたりは比較的被害が少なかったようである。

河田小龍《かわだしょうりょう》という絵師が大震災で浦戸町の家を失い、高知城下に仮住まいしていた。そこへ龍馬が訪ねて行ったのは、安政元年一一月以降のこととされる（『坂本龍馬関係文書・一』）。龍馬は河田から、何を得ようとしたのだろうか。

河田は文政七年（一八二四）に船役人の家に生まれた。龍馬よりも一一年長である。京都の狩野山梁に師事した絵師だったが、蘭学の知識も持っていた。このため嘉永五年（一八五二）、アメリカから帰国したジョン万次郎の聞き取り調査を任される。そして万次郎が語る、広大なアメリカの政治や経済の実情を『漂巽紀略《ひょうそんきりゃく》』としてまとめた。さらに安政元年、容堂から命じられて薩摩へ反射炉の調査に赴き、一〇月四日に土佐に帰国。翌五日、大地震に遭遇したのである。

河田は三〇年ほど後、門人近藤長次郎への贈位が行われる際の資料として『藤陰略話《とういんりゃくわ》』と題した回顧談を残した（藤陰とは近藤のこと）。その中で龍馬との出会いにつき、語っている。龍馬はいきなり河田に時勢に対する意見を問い、膝を進めて次のように言った。

「今日は隠遁《いんとん》を以て安居《あんきょ》する時にあらず。龍馬などは此の如きまで世の為に苦心せりと。遠慮もなく身の上のことを述べ、僕か様《よう》に胸懐《きょうかい》を開ひて君に語る上は是非に君の蓄へを告げ玉《たま》へ」

これを読む限りでは、すでに龍馬は日本の将来を憂えていた。だから海外事情通の河田に、そのヒントを貰おうとした。

人材と船と

河田小龍はまず開港か攘夷か、国としての方針を統一すべきだと言った。だが、攘夷を実行するのは難しいだろうとも言う。たとえ開港するにしても、攘夷の備えは必要である。ところが、現在の日本の軍備不足ではどうにもならない。それを藩に訴えても、聞き入れられない。だから商業を興して資金を集め、外国船を買う。また同志を募って、この船に乗せて運輸業を行えば人件費も賄え、航海も学べるとの自説を語った。

これを聞いた龍馬は手を打ち、喜ぶ。そして大いに賛同する旨を述べて帰って行った。ところが、しばらくして龍馬は再び河田を訪ねて来て、船や器械は金で買えるが、人材はどうやって見つけるのかと尋ねた。

これに対し河田は、俸禄を貰い慣れた藩士には志が無いとし、秀才であっても身分が低いため世に出られない者に注目せよと教えた。龍馬は納得し、人を造るのは河田、船を得るのは自分だと約束して別れたという。

よく知られる龍馬立志の逸話である。この時から約一三年後の慶応三年（一八六七）、龍馬が隊長を務める海援隊の約規「凡《おおよ》そかつて本藩（土佐）を脱する者および他藩を脱する者、海外の志ある者、此の隊に入る。運輸・射利《しゃり》（営利事業）・開拓・投機・本藩の応援を為《な》すを以てす」云々に、あまりにも符節し過ぎる。傍証史料も無いから、『藤陰略話』は割り引いて見る必要がある史料ではないか。それに管見の限りでは龍馬書簡の中に、河田の名は一度も登場しない。

ただ、河田の藩にも高禄を食《は》む藩士にも期待せず、独立の気風が強いところは龍馬に影響を及ぼしているようにも思える。河田は私塾を開き人材育成に努め、門下から新宮馬之助・近藤長次郎・長岡謙吉など亀山社中や海援隊で活躍する逸材を輩出することになる。

晋作と剣術

黒船来航は、剣術ブームを巻き起こした。鏡心明智流《きょうしんめいちりゅう》の桃井《もものい》春蔵、神道無念流《しんとうむねんりゅう》の斎藤弥九郎、

長州藩校明倫館の剣槍道場の内部（山口県萩市）

北辰一刀流の千葉周作など江戸の道場には各地から入門者が相次ぎ、活気を呈したという。剣の力で外敵が打ち払えると、本気で信じられていた最後の時代でもあった。

後期水戸学の大家である藤田東湖は天保一五年（一八三四）に脱稿した『常陸帯《ひたちのおび》』の中で、日本の剣槍が世界的にいかに優れているかを繰り返し説く。そして主君徳川斉昭の考えとして、もし西洋の軍隊が上陸して来ても、日本の武士が剣と槍で戦えば撃退出来るとも述べている。

龍馬も晋作も少年の頃から武道、特に剣術を好み、その修行に熱心だった。

龍馬は高知で小栗流を、のち江戸で北辰一刀流を修行している。一方、晋作は柳生新陰流を明倫館で修行した。いずれも実戦を想定し、相手をいかにして倒すかを合理的に研究し尽くした剣術である。かれらが動乱の世で白刃の下をくぐり抜けることが出来たのも、剣術修行で肚《はら》を作っていたことが大きいだろう。

晋作も桂小五郎も萩での師は、長州藩剣術師範の内藤作兵衛だった。内藤は明治九年(一八七六)、萩の乱の際、禁を破って帯刀して外出したため反乱軍と間違われ、政府軍に射殺されている。

長州藩と柳生新陰流の関係につき、少し触れておこう。草創期の徳川将軍家の指南役となった柳生家は、高弟たちを全国諸藩に送り込む。それは特に、外様大名らの動静を探る目的もあった。大名たちも徳川将軍に忠誠を誓う意味もあり、柳生新陰流を受け入れた。長州藩も大野(柳生)松右衛門を、兵法指南役として雇う。こうして柳生新陰流は長州藩の剣術の主流となり、幕末の頃は内藤・馬来・平岡の三家が師範を務めていた。

龍馬、二度目の江戸遊学

龍馬の父八平は、山本家から入って来た養子である。家付き娘であった妻幸《こう》との間に二男三女をもうけた。上から権平、千鶴《ちづる》、栄《えい》、乙《おと》(乙女)、そして龍馬である。権平と龍馬は二一も年齢が離れていた。

八平が他界したのは安政二年(一八五五)一二月四日、五九歳のことで、三人扶持切米五石の家督は長男権平が継いだ。母の幸はすでに龍馬が一二歳の弘化三年（一八四六）六月一〇日、四九歳で他界しており、継母のイヨが面倒を見てくれていた。

坂本家は龍馬の曽祖父の代（異説あり）に高知城下の豪商才谷屋《さいたにや》が郷士の株を買い、作った家である。江戸時代も後半になると、郷士の株が売買されていた。金銭で身分を買ったから「町人郷士」と蔑まれたりもしたが、商家のような開放的な家風だったという。この点、戦国の昔から毛利家に仕えて来た譜代の臣であることを最大の誇りとしていた高杉晋作とは違った。封建社会の拠り処である「身分」は金銭で売買出来ることを、龍馬は身をもって知っていたのである。

龍馬は剣術の道を捨てたわけではない。高知で二年程過ごした後、自費での剣術修行を願い出て、安政三年八月二〇日、二度目となる江戸へ向かっている。期限は一年だったが、後日さらに一年の延長が認められた。

九月終わり、龍馬は江戸築地の土佐藩控屋敷にわらじを脱ぎ、京橋桶町あたりにあった北辰一刀流千葉定吉（貞吉）道場に通い、修行に励んだと言われる。安政四年三月には鍛冶橋の土佐藩上屋敷において藩主山内容堂の上覧試合が行われ、龍馬と長州の桂小五郎が試合したというが、二対三で龍馬が敗れたとも言われる。

龍馬が江戸に出て来る少し前の安政三年七月、アメリカの初代駐日総領事ハリスが下田に赴任して来た。さらに翌四年一〇月には、江戸に乗り込んで来て自由貿易を骨子とした新条約の締結を迫る。当然ながら尊攘派の「志士」たちは色めき立ち、またしても幕府の弱腰であるとの非難の声が飛び交う。

龍馬とさなのロマンス

千葉定吉には三人の娘がいたが、長女（次女とも）さな（佐那）は三つ年長の龍馬と恋仲になり、安政五年（一八五八）ころには婚約にまで発展したという（結婚には至らず）。龍馬は文久三年（一八六三）八月一四日（か?）、三歳上の姉乙宛ての書簡中にさなのことを次のように紹介する。

「馬によくのり、剣も余程手づよく、長刀も出来、力はなみなみの男子よりもつよく…かほかたち（顔容）平井より少しよし、十三絃のこと（琴）をよくひき、十四歳の時皆伝《かいでん》いたし申し候よし。そしてゑ（絵）もかき申し候。心ばへ大丈夫にて男子などをよばず。夫《それ》にいたりてしづかなる人なり」

さなと容姿を比べられた「平井」とは、龍馬の同志平井収二郎の妹かをのことである。龍馬の幼なじみで、初恋の相手だったとも伝えられる。

文面から察すると龍馬は、男まさりで武芸に長けたような女性が好みだったらしい。他にもさなが宇和島藩伊達家の江戸屋敷で姫君に剣術を指南していたとの史料もあり、凄腕の女剣士だったことがうかがえる。龍馬と最も親しかった姉乙も、まさにそのようなタイプの女性だった。ちなみに龍馬は「乙女」と書くが本当は「トメ」だろう。女の子が三人続き生まれたから、止めたいとの願いだ。それに「お」が付き「乙女」の漢字が当てられた。ただし本書では原則として龍馬にならい、「乙女」とする。

さなは維新後、華族女学校寮に職を得たり、千住に家伝の灸《きゅう》治療院を開いたりしたが、明治二九年(一八九六)、五九歳で没した。生涯独身を貫いたと言われてきたが、鳥取藩出身の山口菊次郎と明治七年ころ結婚し、数年後に離婚したとの史料が近年見つかったという。それでも山梨県甲府市清運寺に現存する「千葉さな子墓」の碑陰には、「坂本龍馬室」と刻まれているから、よほど龍馬が忘れられなかったようである。

アメリカ使節が新たに来日し、本格的な開国を迫るといった天下の一大事だ。龍馬も江戸で二年もの間、剣と恋だけに熱中していたわけでもないだろう。同じく北辰一刀流の剣士で、出羽出身の尊攘派浪士清河《きよかわ》八郎との交流もあったようだが、政治的な言動を伝える史料が見当たらない。安政五年九月三日、高知に帰国している。

久坂玄瑞と松陰の論争

下田でアメリカ密航に失敗し、長州萩に送り返された吉田松陰は城下の野山獄《のやま》に投ぜられた。共に事件を起こした金子重之助は士分ではないため下牢の岩倉獄に投ぜられたが、間もなく病死している。

獄中で一年二カ月を過ごした松陰は六一八冊の書籍を読み、囚人相手に『孟子《もうし》』などを講義した。安政二年（一八五五）一二月、病気保養を名目として獄を出された松陰は、親元である萩郊外松本村の杉家に帰り、幽囚生活に入る。

翌安政三年五月下旬、一七歳の久坂玄瑞《くさかげんずい》が、まだ見ぬ松陰に書を寄せて来た。後に高杉晋作と並び松陰門下の「竜虎《りゅうこ》」とか「双璧《そうへき》」と呼ばれることになる若者である。

玄瑞は天保一一年（一八四〇）生まれで、幼名を秀三郎、字を実甫《じっぽ》という。一四歳で母を一五歳で兄玄機と父良廸《りょうてき》を失い、藩医になるべく医学校好生館で修行中だったが、時勢に対する関心がとりわけ強く、海防僧として知られた月性などから、激しい尊攘論を叩き込まれていた。

ただし久坂家の格は寺社組で、原則として藩政に関与することは出来ない。それでも、外圧により「皇国」が劣勢になってゆくのを見かねた玄瑞は、かつて鎌倉幕府の執権北条時宗《ときむね》が元の使者を斬ったのにならい、外国使節を斬るべきだと主張した。

これに対し松陰は、二年も前に和親条約は締結されており、時機は去ったとして真っ向から反対し、「議論浮泛《ふはん》」などと非難した。以後手紙による激しい論争が行われる。

松陰の戦略は、西洋列強と直接干戈《かんか》を交えるのではない。国威をアジアに広げるというもので、次のように述べている。

「蝦夷（北海道）を墾《こん》（開拓）し、琉球（沖縄）を収め、朝鮮を取り、満州を拉《ろう》し、支那を圧し、印度に臨み、もって進取の勢いを張り、もって進取の基《もと》を固める」

こうしてアジアを制してしまえば、日本はおのずと「二虜（アメリカ・ロシア）」よりも優位に立つ。そうすれば、自分たちの思うのままに列強を「駆使」出来るというのだ。これは松陰が野山獄中で著した『幽囚録』でも主張していた、膨張することで日本を護るとの戦略である。

だが、玄瑞は使節を斬るべきだとの持論を諦めなかった。松陰は、玄瑞は医者の立場で何が出来るかを考えるよう求める。それでも納得しない玄瑞に対し、松陰は三度目の手紙で、では君が外国使節を斬ってみよとまで言った。玄瑞は返答に窮したのだろう。以後文通は途絶える。ただ、玄瑞の西洋列強を激しく憎み、実力で打ち払おうとする姿勢は生涯変わらなかった。

松陰と松下村塾

杉家で幽囚生活に入った吉田松陰は、ここで家族や親族を相手に『孟子』の講義を始める。

やがて安政三年（一八五六）一〇月ころから、近隣に住む武士の子弟たちが松陰の教えを受けるべく集まって来た。

これが、松陰の主宰する松下村塾《しょうかそんじゅく》である。松本村に由来する「松下村塾」という名称は、松陰の叔父玉木文之進が開いた家塾に付けたのが最初で、縁戚の久保五郎左衛門が引き継ぎ、さらに松陰が使うことになった。

よく、松陰は身分にかかわらず入塾を許したと言われる。だが、松陰が主宰する松下村塾は、基本的に武士身分のための塾だった。武士身分は長州藩の場合、全人口の一割ほどに過ぎない。

この件については、客観的なデータがある。安政三年三月から野山獄に再投獄されるまでの二年一〇カ月間に、松陰のもとを訪れた塾生は九二名が判明している。それを身分で分析すると、士分五三名、卒分（足軽・中間《ちゅうげん》など）一〇名、陪臣《ばいしん》（毛利家重臣の家臣など）一〇名、地下医四名、僧侶三名、町人三名、他藩士（医師）一名、不明八名（うち三名は武士身分か）となる。つまり七六名、全体の八三パーセントが武士身分であった（海原徹『松下村塾の人びと』平成五年）。

山鹿《やまが》流兵学者でもある松陰は、現代的な平等思想の持ち主ではない。身分制度を否定する考えなど、基本的には無い。それは差別しているつもりはなく、武士には武士の、百姓には百姓の、商人には商人の、それぞれの生まれながらの任務があると考えているのだ。この理屈から

松陰が主宰した松下村塾（山口県萩市）

言えば武士は政治、特に国防問題などを担当する。だからその門には、武士身分の子弟が集まって来た。

松蔭は二〇歳の嘉永二年（一八四九）三月に著した意見書『水陸戦略』で、国防の根本は「仁政《じんせい》」で、次が「士気振作」だと説く。仁政とは民を慈《いつく》しむ政治であり、それが行われている国ならば自然と愛国心は芽生え、国は護られるとの考えだ。

もっとも、松陰は武士身分の中でも藩校明倫館に入学出来なければ、政治にも直接関与出来ない士分の一部や卒分、陪臣も受け入れてゆく。そのような草の根の人々を、松陰は「草莽《そうもう》」と呼んだ。松陰にとり、草莽イコール民衆ではない。「草莽崛起《そうもうくっき》」と「百姓一揆」は、別のものと考えている。

武士の中でも上層部の「士分」が、塾生の半分以上を占めていたことは注目すべきである。だが、かれらエリート層の大半は、松下村塾出身でありながら時代に直接立ち向かわなかった。だからその名は高杉晋作・久坂玄瑞・前原一誠・山田顕義《あきよし》など一部の者を除き、歴史の中に埋没してゆく。

ところが全体の一割しかいない卒から、吉田稔麿《としまろ》・入江九一《くいち》ら「志士」や、伊藤博文・山県有朋・品川弥二郎・野村靖ら明治日本の政治家・軍人が輩出された。かれら卒の活躍が目立ったため、後世松下村塾は草莽の下級武士のイメージで語られやすい。

晋作、松陰に入門

柳生新陰流の剣術稽古に励んでいた高杉晋作が松下村塾を主宰する吉田松陰に入門したのは、一九歳の安政四年（一八五七）夏以降のことと考えられる。晋作自身、「武」から「文」へと志を変えたことを、

「某《それがし》少にして無頼撃剣を好み、一箇の武人たらんと期す。年甫《はじめ》て十九、先師二十一回猛士（松陰）に謁《えっ》す、始めて読書行道の理《ことわり》を聞く」（『投獄文記』元治元年〈一八六四〉六月七日）

と、後になって述べている。松陰に師事したことが大きな転機だったことは、本人も認めるとおりだ。

晋作にすれば江戸で黒船騒動を体験し、『武学拾粋』を読み、武士として何かをせずにはいられなかったのだろう。原則として藩校は時事問題などは論じない。誰も指針を示してくれないから、苛立ちと不満を募らせていたのかも知れない。

だが、入門して来た晋作に対する松陰の評価は厳しいものだった。学問が足らないとか、自分流に物事を都合よく解釈しすぎる癖があるなどと指摘している。そこで松陰は、晋作の前でことさらに久坂玄瑞を誉めた。玄瑞は晋作より一つ年少だが、幼少期に城下の吉松淳蔵の私塾で机を並べた竹馬の友である。面白くない晋作は猛勉強を始め、やがて玄瑞と肩を並べるまでに成長したという。以上は安政五年（一八五八）七月、江戸遊学する晋作に向けて松陰が与えた「高杉暢夫《ちょうふ》を送るの叙《じょ》」という漢文の中に書かれている話である。晋作の負けん気の強さに着目し、ライバルを当てがって奮発させるという松陰らしい教育法だった。

晋作の悩みは、父や親戚が松陰と接することに猛反対したことだ。エリートコースを歩むひとり息子が「国事犯」のもとに通い出したのだから、反対するのは当然だろう。晋作が安政六年三月二五日、玄瑞ら同志にあてた手紙には、

「僕一つの愚父を持ちおり候。日夜僕を呼びつけ俗論《ぞくろん》（つまらない考え）を申し聞かせ候。僕も俗論とは相考え候えども、父の事ゆえ、いかんとも致し方ござ無く候。恥じつ憂えつこれ迄諸君と御交わり申し候」

と、共に活動出来ない苦衷を訴える一節がある。松陰も夜中にひそかに松下村塾に通って来る晋作に、同情の念を禁じ得なかった。半面「其の気益々奮い、議論大いに進む」と、その進歩に驚く（「丁巳幽室文稿・与清太」）。

晋作と玄瑞の比較

松陰は久坂玄瑞のことを「防長年少中第一流」と評した。つづいて高杉晋作もやって来たので、大いに喜んだ。後日玄瑞は晋作の「識」には及ばぬと言い、晋作は玄瑞の「才」を「当世無比」と絶賛したという（「高杉暢夫を送るの叙」）。晋作が優れていた「識」とは、物事の本質を見抜く直感力のようなものである。

もっとも、晋作が入門した頃の玄瑞は松下村塾に通っていた形跡がない。少なくとも松陰には玄瑞本人と接触する機会は、あまり無かったはずだ。にもかかわらず松陰は、晋作よりも玄瑞のどの点が優れていると感じたのだろうか。

松陰が直接知る玄瑞とは前年の論争で、外国使節を斬るとの過激論を主張して、一歩も退かなかった一七歳の少年である。尻切れに終わったような論争後も、松陰は周囲にいる中村道太や月性などから、玄瑞に関する情報を得ていた。一方名門のひとり息子で、明倫館の優等生でもある一九歳の晋作からは、玄瑞のような捨て身になっても突き進もうとする激しい気迫は感じられなかったであろう。それが松陰には、不満だったのではないか。松陰の「吉日録《きちじつ》」安政四年（一八五七）三月二八日の条には同志の中谷正亮《しょうすけ》から得た情報として、玄瑞が明倫館の教師である山県半蔵（宍戸備後助、璣《たまき》）と論争した旨が記されている。玄瑞は将軍よりも天皇が上だと主張し、それを否定する半蔵と対立したらしい。前年九月、松陰も半蔵の養父で大儒の山県太華を相手に、天皇の位置をめぐり論争していた。

これにより松陰は天皇に対する考え、つまり国体観が玄瑞と同じだと確信する。明倫館の入舎生として文武修行中だった晋作は、ここまで明確な国体観を持っていなかったであろう。

さらに、医学修行中の玄瑞はオランダ語がある程度出来、原書が読めた。これは松陰も晋作も出来ないことだった。松陰はなんとしても、玄瑞を身内にしたいと望むようになる。

松陰の実家である杉家には、四人の妹がいた。上の二人（千代・寿《ひさ》）はすでに他家に嫁ぎ、三番目は夭逝していたが、末の文だけは一四歳で未婚だった。そこで松陰は、文を玄瑞に嫁がせようとする。縁談を持ちかけられた玄瑞は、文の容姿が気に入らないとの理由で最初は断った（横山幾太「鷗磻釣餘鈔《おうばんちょうよしょう》」）。だが、周囲から言いくるめられるような格好で、結局は承諾せざるをえなくなる。

こうして安政四年一二月五日、玄瑞は文と結婚して、松陰らと杉家で同居することになった。玄瑞は松下村塾の運営も手伝い、松陰とともに塾の教育計画作りも行っている。

だが、そのような時間も長くは続かなかった。結婚して二カ月余り経った安政五年二月二〇日、玄瑞は萩を発ち江戸へ向かう。かねてから藩に願い出ていた、江戸における三六カ月間の自費での医学修行が許可されたのだ。

次に玄瑞が萩に帰るのは安政六年二月で、松陰はすでに野山獄の中にいた。このように見ると、玄瑞が松陰に直接教えを受けた期間は二カ月余りだったことが分かる。

条約勅許を求めて

安政三年（一八五六）七月、伊豆下田に赴任して来たアメリカ初代駐日総領事ハリスは翌四年一〇月、強く希望して江戸に乗り込む。そして、アメリカ大統領の国書を将軍徳川家定に渡し、自由貿易を骨子とした新条約の締結を求めた。

ハリスは貿易による富国強兵の必要を説く。一方、幕府も三年前のペリーの時とは違い、国際社会の中で開国は避けて通れないと理解するようになっている。そこで一二月四日から目付で海防掛の岩瀬忠震と下田奉行の井上清直が全権委員となり、ハリスと交渉を開始した。その結果、翌四年一月一二日までに一五回の会談が行われ、条約案はまとまって来るが、最終段階で幕府は勅許（天皇の許可）が必要だと言い出す。

江戸初期に定められた「禁中並公家諸法度《きんちゅうならびにくげしょはっと》」では、天皇の仕事は「諸芸能のこと、第一御学問也」とし、大政は征夷大将軍に委任されている。だから、たとえば寛永一〇年（一六三三）のいわゆる「鎖国令」なども、天皇には断り無く幕府が発して来た。

もっとも嘉永六年（一八五三）六月、アメリカのペリー艦隊が来航した時は、幕府はただちに孝明天皇に知らせている。これは、天皇が寺社に命じて祈禱させれば国民が安心するとの思惑があったからだ。幕府としては天皇を宗教的権威として利用するのが主で、政治に介入させるつもりはない。

にもかかわらず、勅許などと言い出した理由のひとつは、幕府側に自信がなかったからだろう。だから挙国一致で開国したと、内外に示したかった。天皇の権威は、反対派を封じ込めるにも役立つはずである。

こうして安政五年（一八五八）二月五日、幕府の老中堀田正睦《まさよし》（佐倉藩主）は京都に乗り込み、勅許を求めた。幕府は、勅許などは形式的なもので、ただちに貰えると高をくくっていたのかも知れない。もし、そうだとしたらとんだ計算違いだったと言うべきである。

勅許は下らず

孝明天皇は激しい攘夷論者で、朝廷に近い水戸発の情報から西洋列強は侵略的意図をもって日本に接近して来たと信じている。だから安政五年（一八五八）二月二三日に堀田正睦に下された勅書は、もう一度御三家以下の諸大名の意見を聞き、願い出よといった内容だった。

そこで堀田は、朝廷内で絶大な権力を誇る関白九条尚忠に説得と贈り物を繰り返し、なんとか勅許を手に入れようとする。九条は積極的に勅許するのではなく、従来どおり幕府に一任するという方向で、勅答をまとめようとした。

ところが三月一二日になり、とんでもない事件が起こる。中山忠能《ただやす》の起草した諫疏《かんそ》の文に署名した八八人の公家が九条関白邸に押しかけ、「国賊」「奸物」などと罵詈雑言《ばりぞうごん》を浴びせかけながら激しく抗議したのだ。下級公家までが条約勅許に反対し、関白に噛み付く。公家の数は一三七家だから、その大半が参加したことになる。

驚いた九条は勅答案を引っ込めてしまう。朝廷でもまた、新しいエネルギーが噴き出し、大きな地殻変動が起ころうとしていた。

その結果、三月二〇日、堀田に下された勅答は条約締結は日本の国体を損なうものであり、御三家以下、諸大名の意見を聞いて再び申し出よといった、以前と変わらないものだった。勅許を獲得出来なかった堀田は、失意のうちに江戸へ帰ってゆく。江戸時代はじまって以来の、朝廷・幕府間の亀裂である。

かつて、「尊王」は必ずしも「攘夷」とはセットではなかった。徳川斉昭は「尊王攘夷」と言ったものの「尊王」か「攘夷」か、どちらか片方の考えの持ち主もいた。ところが勅許を与えなかったことで、天皇の攘夷の意思は天下に示された。こうして「尊王」と「攘夷」は、実質的にセットになった。

晋作・玄瑞の反応

京都で起こった勅許をめぐる一連の騒ぎを松陰の薫陶《くんとう》を受けた松下村塾生たちは、どのように見たのだろうか。

高杉晋作は安政五年（一八五八）四月一〇日、萩城下で京都の情報を得た。自宅を訪ねて来た藩士椋梨《むくなし》籐太から聞いたのである。晋作はすぐさま、松本村の吉田松陰のもとに駆けつけようとした。だが、親類連中の目がうるさいので手紙で知らせることにする。その中で、公家たちの抗議運動を、

「実に天朝の御盛ん大悦々々候。この九十人（実際は八八人）はあに楠公《なんこう》（楠木正成）や四十七人（赤穂義士）の及ぶ所ならんや。誠に振臂《しんぴ》憤激致し候。これこの時、日本の日本たらんとするの日なり」

と絶賛する。天皇の政治的発言力が高まり、日本が本来の姿に戻ってゆくと喜ぶ。松陰の影響から、晋作の頭の中に天皇を絶対とする国体観が生まれていたことが分かる。親戚もそれを心配し、松陰への接触を監視していたのだろう。

久坂玄瑞は萩から江戸へ向かう途中、三月一六日から二週間ほど京都に滞在した。現地で勅許に関する情報を集め、松陰のもとに書き送っている。たとえば三月一八日付では、公家たちの抗議行動を知らせ、「誠に以て天朝の英盛ん、奮激に堪えずなり」と、感激する。玄瑞書簡は門下生の間で回覧され、情報は共有されてゆく。四月十日、晋作は松陰あての手紙で「玄瑞の書状参り候の由、大悦候」と喜び、早く自分にも見せて欲しいと言っている。

吉田栄太郎の反応

晋作・玄瑞と並び松陰門下の三秀のひとりとされ、元治元年（一八六四）の池田屋事件で闘死した吉田栄太郎（稔麿《としまろ》）は天保一二年（一八四一）、十三組中間《ちゅうげん》という最下級の武士の家に生まれた。勅許問題の頃は江戸で役人の下働きをしていたが、京都の情報を集めて萩にいる叔父の里村文左衛門に書き送っている。

「御叡慮《えいりょ》（天皇のみこころ）を悩まされ何分右の次第、いちいち相許し候ては日本は終に衰微に相成り」

と、勅許を与えなかったことを是とし、公家の抗議運動を高く評価する。さらに幕府官僚の川路聖謨《としあきら》・岩瀬忠震《ただなり》が公家に面会を断られ、差し出した書面も読んでもらえなかったと述べる。しかもその書面を、公家たちは「下賎の者なり、書見るもうるさし」と、笏《しゃく》ではねつけたとい

う。あるいは勅許を得られなかった老中堀田が、九条関白の屋敷で泣いたという話を、

「これを聞くもの皆々『心よし、心よし』と申され候」

と、幕府権威の失墜を喜ぶあたり、松陰の国体観の影響をうかがわせる。それでも幕府は勅許無しで条約締結に踏み切ると予測し、

「いずれ近年の内、乱世とも相成り申すべしと評判つかまつるにつき、私どもも心支度《こころじたく》おり候」

と、自分たちの出番がめぐって来ると期待する。「卒」身分の栄太郎は幼少の頃から学問を好み、立身出世を強く望んでいた。

幽囚中の松陰は、門下生が各地から情報を寄せてくれることを期待した。そのような情報収集を松陰は「飛耳長目《ひじちょうもく》」と呼んだ。集めた情報をもとに、行動を起こすのである。少し後になるが、松陰は水戸藩の者への自己紹介の中で、

「小生住居は萩の東隅にて松本と申す所にて、同志の会所を松下村塾と申し候」

と、述べている（安政六年〈一八五九〉九月一一日、堀江克之助宛て）。松陰は松下村塾を、政治結社的なものと考えていた。

天皇と長州藩

明倫館の大儒だった山県太華やその養子半蔵は幕藩体制の秩序維持を第一と考える。「天下はひとり（天皇）の天下に非ず、天下の天下」であるとし、天皇から武家に政権が移ったのは「君徳」が失われたからだと説明した。太華は松陰が盛んに言う「国体」とは中国宋の頃の書に見える語であり、日本の古い書では見たことが無く、水戸学がはじめてだと冷静に指摘する。

しかし、「天下はひとり（天皇）の天下なり」との神国思想に基づく松陰の教えは、確実に松下村塾を中心に長州藩内にも浸透しつつあった。

実際、異国の釈迦や孔子（明倫館には孔子を祭る聖廟があった）よりも、日本人にとってはその世界観を受け入れてしまえば、神国思想ほど居心地がよいものはない。なにしろ天皇は自分たちの先祖とつながっているとされる、神なのである。

それに長州藩毛利家は古来、皇室との繋がりが他の大名家よりも強い。神国思想に共鳴する土壌は、十分備わっていた。毛利家の先祖は平城《へいぜい》天皇の皇子阿保《あぼ》親王とされ、皇別（皇室の流れをくむ家）と伝えられている。

このため、天皇と毛利の関係は幕藩体制の中でも特別扱いされた。長州藩は京都に藩邸を構えたり、勧修寺《かじゅうじ》家を通じて皇室と接触することが許されたのである。幕末になり長州藩が孝明天皇に急接近し、その権威を絶対のものとして中央政局に乗り出してゆくのも、このような関係が築かれていたからだ。

条約勅許と将軍継嗣問題

安政五年（一八五八）四月二三日、将軍徳川家定は溜間詰筆頭《たまりまづめ》の井伊直弼《いいなおすけ》を大老職に任じた。一一代彦根藩主井伊直中の一四男として生まれた直弼は生涯部屋住みと覚悟を決め、学問や芸事に励んでいた。ところが嘉永三年（一八五〇）九月、兄の一二代藩主直亮《なおあき》が没したため一三代藩主の地位が転がり込んで来て、掃部守《かもんのかみ》と称した。さらに幕閣頂点に位置する大老にまで上り詰めた井伊は、それまでの案件を強引に解決してゆく。

まず六月一九日、日米修好通商条約を締結した。もっとも井伊は締結には賛成だったが、勅許は必要だとも考えていた。ところが現場判断に任せたため、朝廷の無理解に批判的だった岩瀬忠震・井上清直は神奈川沖のポーハタン艦上でハリスとの間に調印を済ませてしまう。

その頃、幕府内には条約勅許の他に、病弱な家定の次の将軍を誰にするかという大きな問題が起こっていた。

革新的な有志大名たちは、英邁を理由に前水戸藩主徳川斉昭の七男で、御三卿のひとつ一橋家を継いでいた慶喜《よしのぶ》を推す（一橋派）。これに対し、井伊ら譜代大名の守旧派は、血筋から見て紀州藩主徳川慶福《よしとみ》（家茂《いえもち》）を推した（南紀派）。

六月二五日、井伊は御三家、御三卿以下諸大名に総登城を命じ、家定が慶福を次期将軍に指名したとの決定を発表する。

同じころ、勅許無しの条約調印を詰問するため「不時登城（決められた日時以外の登城）」した水戸藩の徳川斉昭・慶篤父子、尾張藩主徳川慶恕、福井藩主松平慶永らは隠居や謹慎などの厳しい処罰を受け、政局から遠ざかってゆく。

七月六日、家定が病没したため、慶福は家茂と名を改めて一〇月、一四代徳川将軍となった。

晋作とコレラ

安政五年（一八五八）になると、松下村塾生は京都や江戸へと次々と旅立ってゆく。焦りを募らせていた高杉晋作にも七月一八日、念願叶って一年間の江戸遊学の許可が下りる。当初は自費遊学だったが、父小忠太が尽力して長州藩から稽古料が支給されることになった。松陰は、江戸で玄瑞と頑張れと激励した送叙を書き与えてくれた。

こうして七月二〇日、晋作は萩を発つ。同行者は藩儒山県半蔵と松下村塾生の斎藤栄蔵（境二郎）だった。それを知った松陰は「同道は山県半蔵に斎藤栄蔵、嘆くべし、嘆くべし」と久坂玄瑞らに宛てた七月一〇日付の書簡に記すが、国体観を認めない山県と晋作の接触を嫌ったものであろう。

道中の様子を後年、山県こと宍戸璣《たまき》が語り残している（『防長史談会雑誌・二五号』）。それによると山県・晋作・境の三人は東海道を進む途中、金谷や島田あたりで「尾裂狐《おさき》を異人が放した」という珍妙な騒動に出くわす。やがて狐の正体は、この夏に駿河で発生し、江戸へ広がったコレラだと分かってくる。

コレラ菌により小腸が侵され、激しい下痢と高熱をともなうコレラは急性伝染病である。インドで起こりヨーロッパに広がり、日本には文政五年（一八二二）に長崎から入って来たのが最初という。西洋から入って来た病だったため、幕末の攘夷熱を上げるため一役買った。

『武江年表《ぶこう》』によれば晋作が遊学した年、江戸におけるコレラの死者は二万八千余人とあるが、瓦版には一二万三千人とある。秋ころには収束したという。

晋作らの江戸到着は八月一五日だが、高杉家では大事な一人息子の安全を遠く萩の地からひたすら祈っていたことだろう。

江戸での晋作

江戸に到着した高杉晋作は、日本橋で私塾を開き、激しい攘夷論を唱える儒者大橋訥庵《とつあん》（順蔵）に入門する。だが、晋作にとり大橋塾はあまり居心地がよろしくなかったようだ。『中庸』『近思録』といった古典の講義を受けたものの、結局は二カ月ほどで辞めている。一〇月六日ころ、吉田松陰に近況を報じた書簡では、

「陳《のぶ》れば天下ますます衰微《すいび》、申すも疎かの事にこざ候。水戸も鄙夫《ひふ》勇士（自分のことしか考えない者）にて論ずるに足らず。私も先達てより大橋塾に入り込み候ところ、愚に堪えかね……」

と、愚痴をこぼす。尊攘論の水戸藩士も大橋も、勇ましいだけであまり実が無いと見たようである。

一一月四日、官学の昌平黌《しょうへいこう》（昌平坂学問所）に空席が出来たため、晋作は入学を許された。昌平黌は幕府が旗本子弟のために設けた最高学府だが、江戸後期には諸国の優秀な人材も受け入れていた。ここでの晋作の師は、朱子学の大家として知られた安積艮斎《ごんさい》だった。

寮に入った晋作は全国から集まって来た秀才たちと、藩や身分の壁を越えて親交を深める。萩城下という井の中で育った晋作にとり、それは新鮮な体験だったはずだ。

広島藩の星野文平や加賀藩の野口之布《ゆきのぶ》とは特に親しく、夜、規則を破り酒を飲みに行くこともあった。野口が後年語るところによると、晋作は小杯《おちょこ》三杯も飲むと酔っ払ったという（『東陽遺文』）。

あるいは唐津藩から来ていた大野又七郎（右仲）は、後日晋作が久坂玄瑞・桂小五郎らとともに「真の知己」と呼ぶほど親しくなったが、その後の経歴は興味深いものがある。戊辰《ぼしん》戦争

さ中の明治元年（一八六八）四月に会津で土方歳三と意気投合して新撰組入り、頭取となって箱館まで転戦している。維新後は主に警察畑を歩き明治四四年（一九一一）に没した。

晋作の肝心の学問はと言えば、この頃作った「自らを笑う」と題した五言絶句の一節に「終身腐儒《ふじゅ》を学ぶ（生涯腐った儒教を学ぶのか……）」とある。時代と切り結ぶような松陰の教えを受けて来た晋作は、形骸化された儒教が腐っていると嘆くのである。

前代未聞の密勅降下

孝明天皇は当然ながら、勅許無しの条約調印に激怒した。大老井伊直弼の独走にブレーキをかけようとした天皇は安政五年（一八五八）八月、水戸藩と幕府に、いわゆる「戊午《ぼご》の密勅」を下す。これは条約締結を勅答に背く軽率な取り計らいとし、「一同群議評定（大名による合議制）」による幕政の実現を求めたものだった。

水戸藩に届いた勅には、それを諸大名にも伝達せよとの別紙が付いていた。こうして勅の写しは薩摩・尾張・越前、そして長州藩にも届けられる。もっとも、その勅を盾にして幕府に乗り込んでゆくような勢いのある大名はいない。

長州藩も排他的な攘夷は不可能であるとし、重役の周布《すふ》政之助《まさのすけ》を使者として派遣して、朝廷を説得したほどである。

だが、松下村塾とその周辺は違っていた。晋作は一〇月六日、国もとの吉田松陰にあてた手紙中で、昨日、藩邸内で久坂玄瑞・桂小五郎・中谷正亮《しょうすけ》と勅について議論したと知らせている。玄瑞・小五郎・中谷はもし長州藩に勅が下れば、将軍を京都まで連れて行き、天皇の前で条約破棄を誓約させると言う。これに対し晋作は、長州藩に勅が下ったら江戸城に乗り込み、ただちに幕府からアメリカに使者を送って条約破棄を申し入れ、アメリカが承知しなければ戦争になってもよいとする。晋作は、「いずれ天下戦争一始まり致さずては、外患去り申さず候」と、過激な主張をした。もちろん、かれらの意見は藩政に直接影響を及ぼすはずもなく、この時点では書生の議論に過ぎない。

戊午の密勅により面子が丸潰れになった井伊は、朝廷に圧力をかけて勅の効力を封じ込めるや反撃に乗り出す。

老中間部を暗殺せよ

大老井伊は腹心の老中間部《まなべ》詮勝《あきかつ》を条約調印の弁明を口実に安政五年（一八五八）九月、京都へ送り込んだ。そして密勅降下に関与した皇族から公家、大名、藩士、浪人、在野の学者に至るまで弾圧を加える。その数は最終的に六九人におよび、うち極刑は八人を数えた。これが「安政の大獄」である。

追い詰められた尾張・水戸・越前・薩摩藩の有志が連合し、井伊を暗殺する計画があるとの情報が、松陰のもとに届いたのは一〇月終わりころだった。

この情報は必ずしも正確ではないのだが、松陰は真に受ける。そして長州藩は「勤王の一番槍」になるのだと対抗意識を燃やし、老中間部の暗殺を企んで、松下村塾から一七名の同志を得た。さらに藩重役に武器弾薬の貸し付けまで願い出る。驚いた藩政府は一二月二九日、松陰を再び野山獄に投じた。

暗殺計画への参加を求められた在江戸の晋作・玄瑞・飯田正伯・尾寺新之丞・中谷正亮は一二月一一日、連署、血判して松陰を諫める手紙を書き送った。晋作らは松陰の主張を「正論」と認めながらも、情勢が大いに変わったと説き、行動を起こせば藩主に迷惑がかかるので時機を待つよう諭す。

これを獄中で読んだ松陰は、「僕は忠義をするつもり、諸友は功業をなすつもり」(安政六年一月一一日、某あて松陰書簡)と憤慨した。あるいは「殊に高杉は思慮ある男なるに、しかいうこと落着に及び申さず候。皆々ぬれ手で粟をつかむつもりか」(安政六年一月一九日、岡部富太郎宛て松陰書簡)などと非難する。

長州藩は安政五年一二月二五日、玄瑞に江戸から帰国するよう命じた。松陰に同調するのを恐れたのだろう。三年の遊学が一年足らずで打ち切られた玄瑞は、渋々ではあるが山口を経て翌六年二月一五日、萩へ帰って来る。獄中の松陰は当初、計画に賛同しなかった玄瑞を非難したが、やがて心を落ち着かせるようになり、関係は修復されてゆく。

松陰の江戸送り

安政の大獄で関係者の審問を進める幕府は、安政六年（一八五九）四月二〇日、松陰を江戸へ送るよう長州藩主に内命を出す。松陰も周囲も、老中間部暗殺計画が発覚したと思った。だが、松陰は裁きの席で自説を主張するのだと覚悟を定める。座右の銘とする孟子の言、「至誠にして動かざる者未だこれ有らざるなり」が、真実なのかを確かめたいなどと言う。

こうして罪人用の駕籠に乗せられた松陰は五月二五日、萩を発ち、山陽道、東海道を進んで六月二五日に江戸に着いた。

評定所での審問は七月九日から始まったが、幕府が松陰を呼び出したのは、若狭・小浜《おばま》出身の浪人学者梅田雲浜《うんぴん》との関係を疑ったからだった。嫌疑はたちまち晴れ、松陰は拍子抜けする。奉行たちと話すうち、松陰は死罪に値する罪をふたつ犯していると口を滑らしてしまう。それは、公卿大原重徳《しげとみ》を長州に下向させて挙兵する計画と老中間部の「詰問（暗殺とは言わなかった）」計画である。奉行は特に後者に興味を示し、大した罪にならぬからと追及した。これにより松陰は、伝馬町獄西奥揚屋に投ぜられてしまう。

昌平黌で学んでいた晋作は、獄中の松陰に金銭や書籍や筆紙を差し入れて尽くす。面会は出来なかったが、手紙の往復はひそかに出来た。『吉田松陰全集』には獄中の松陰が晋作に発した書簡が、一五通収められている。かつて晋作は「丈夫《じょうぶ》（男子）、死すべきところ如何」という問いを発したことがある。これに対し松陰は、

「死は好むべきにもあらず、また悪《にく》むべきにもあらず……世に身、生きて心死す者あり。身亡びて魂存する者あり。心死すれば生くるも益なきなり、魂存すれば亡ぶも損なきなり……死して不朽の見込みあらば、いつでも死ぬべし。生きて大業の見込みあらば、いつまでも生くべし。僕の所見にては生死は度外におきて、ただ言うべきを言うのみ」

と答えた（七月中旬、晋作宛て松陰書簡）。たとえ肉体は滅んでも、志は残るという死生観は、その後の晋作に影響を与える。だが、この時点で松陰は自分は近く死ぬとは思っていない。

松陰処刑される

松陰に対する取り調べは安政六年（一八五九）九月五日、一〇月五日にも行われたが、奉行の態度は穏やかだった。このため松陰は軽ければ国もとに送り返され、以前どおりに塾が開けるなどと楽観視するようになる。そもそも松陰は密勅降下にも将軍継嗣にも、直接関係していたわけではない。

松陰が処刑された伝馬町獄跡（東京都中央区日本橋小伝馬町）

ところが四度目となる一〇月一六日の審問で、奉行の態度が一転して厳しいものとなった。口上書には「公儀に対し不敬の至り」などとあり、松陰は死を覚悟せざるをえなくなる。

そんな時、晋作に帰国命令が出た。大切な一人息子が、江戸で松陰と接触しているのを知った父小忠太が裏で周旋したらしい。松陰は「御厚情、いく久しく感銘つかまつり候」（一〇月七日、晋作宛て松陰書簡）との感謝の意を晋作に伝える。一〇月一七日、晋作は江戸を発った。

それから一〇日後の一〇月二七日、松陰は伝馬町獄の刑場で処刑される。享年三〇。幕府はよほど危険視したらしい。門下生たちに残された遺書『留魂録《りゅうこんろく》』の冒頭には、

「身はたとひ武蔵の野辺に朽ぬとも　留置《とどめおか》まし大和魂」

とあった。自分の肉体は関東で亡びるが、変革の志はこの世に残すとの凄まじい決意である。また、人間の一生を四季にたとえ、自分の志を受け継いで欲しいと望む。みずからの生き様を示すことで、門下生たちの心を揺さぶろうとしているのだ。

師の刑死を知った晋作は幕府と見捨てた長州藩に対して怒りを禁じ得ず、「仇を報い候らわでは安心つかまつらず候」（一一月二六日、周布政之助宛て晋作書簡）と述べている。しかし、自分には主君がいて父がおり、「わが身、わが身の如くにして、わが身にあらず」なので、行動が起こせないのだとも言う。

江戸勤務だった重臣井原孫右衛門は、松陰のすぐれた資質は認めるものの、周囲が軽率にちやほや褒めたから、このような悲惨な結果につながったと非難している（海原徹『吉田松陰』平成一五年）。野村靖も後年、松下村塾に通っている者は萩では「乱民」と呼ばれ、家族までが白眼視されたと後年回顧しているから（『追懐録』明治二六年）、徳川政権を批判する者に対する風当たりはまだまだ強かった。

第3章　横議横行

晋作の結婚

帰国した高杉晋作を待っていたのは縁談だった。相手は高杉家と同格の大組井上家（家禄二五〇石）の次女マサ（政・雅）である。結婚式は万延元年（一八六〇）一月一八日（二三日説あり）に行われた。晋作二二歳、マサ一六歳。

「履歴草稿」に「二十一才（二十二が正しい）、父母の命によって井上平右衛門女を娶る」とあるように、両親が熱心に進めた縁談だった。松陰の処刑を機に暴走するかも知れない一人息子を、落ち着かせようとしたのだろう。晋作はかつて孔子の説に従い、三〇歳までは妻を持たないと宣言していた（安政六年一月一日、南亀五郎宛て晋作書簡）。だが、嫡男として血脈を守る義務感も人一倍強かったから、特に抵抗せず応じている。

伝えられるところによると、マサは萩城下一とうたわれた美人だった。年頃になるといくつか縁談の申し込みがあったので、家族は最終的に三つに絞り、籤《くじ》にしてマサに引かせた。こうして晋作が当たったのだという（横山健堂『高杉晋作』大正五年）。

晋作の印象について、ずっと後年マサは次のように回顧している。

「一体が勝ち気な人で、母なども私が参りました時、『晋作は気短だからそのつもりで仕えてくれ、どんな事を云われてもその時は黙っていて、後で意見してくれ』などとおっしゃいましたが、それどころではなく、私どもは弱いものにはごく親切で、八年も連れ添って一度も叱られた事はございません」(『朝日新聞』大正五年五月九日付)
晋作は慶応三年(一八六七)四月一三日に病没するから、マサの結婚生活は七年三カ月続いたことになる。しかし東奔西走する晋作とマサがともに生活した時間は、決して多くはない。さまざまな史料から拾っても、せいぜい合計二年くらいである。

晋作の航海学修業

ペリー来航以来、幕府は近代海軍の建設を進めた。江戸築地の講武所(幕府の士官学校)ではオランダから贈られた蒸気船による海軍士官の育成が行われたが、万延元年(一八六〇)一月には軍艦教授所として独立する。

高杉晋作は海軍に、強い関心を示す。安政六年(一八五九)八月二三日、久坂玄瑞宛て書簡では、長州藩の枠からはみ出してでも海軍を学びたいとし、次のように述べている。

「一身にて致す時は大軍艦に乗り込み、五大洲を互易するより外なし。それゆえ僕も近日より志を変え、軍艦の乗り方、天文地理の術に志し、早速軍艦制造場処に入り込み候らはんと落着つかまつり居り候」

長州藩領は本州最西端の、現在の山口県がそのまま当てはまる。三方を海に囲まれているから、海防は切実な問題だった。そこでペリー来航を機に大船建造の禁が解かれるや、萩郊外の恵比須岬に造船所を設け、安政三年（一八五六）には木造の洋式帆船である丙辰丸《へいしん》（全長約二五メートル）を建造していた。

藩は万延元年（一八六〇）閏三月、晋作に幕府軍艦教授所で海軍蒸気科の修業をするよう内命を出す。さらに丙辰丸で、萩から江戸への航海実習も命じた。こうした希望が早速叶えられるのは、さすが高杉家の御曹司である。晋作は男児として宇宙の間に生まれた以上、筆や硯の家来になどなれるかと意気込む（「東帆録」）。三月三日には江戸城桜田門外で大老井伊直弼が水戸浪士らに暗殺され、時流は大きく動き始めていた。じっとしては、いられない。

こうして晋作は四月五日、恵比須岬から丙辰丸に乗り込む。艦長は松島剛蔵で晋作の他に士分六名と舸子《かこ》一五名という編成である。一行を乗せた丙辰丸は日本海を進み下関（馬関・赤間関）へ出、それから瀬戸内海、荒波の太平洋と航海を続けて約二カ月後の六月上旬、江戸へ到着した。萩から江戸まで徒歩なら一月ほどだから、ずいぶんゆっくりとした航海である。

だが、江戸へ着くなり晋作は海軍士官の道を諦めると言い出す。その理由を「疎にして狂」という、自身の性格によるものとする（「試撃行日譜」序文）。要は不向きだと悟ったようだ。そのまま江戸に止まり学問を続けようとしたが、故郷の父は帰国するよう催促する。

玄瑞の江戸行き

晋作が海軍士官を志した頃、ライバル久坂玄瑞は英学の道を歩もうとしていた。

江戸時代を通じ、西洋語と言えばオランダ語だった。ところが幕末になり開国すると、国際社会の主流は英語であることが分かって来る。そこで幕府は万延元年（一八六〇）五月、蕃書調所（洋学研究所）の正科をオランダ語から英語に変更した。

長州藩も、英語時代の到来に乗り遅れるわけにはゆかない。そこで藩の博習堂（西洋兵学校）で学ぶ玄瑞・桂右衛門・石原荒吉を「英学修業」のため江戸へ送り、幕府通詞堀達之助のもとで学ばせることにした。

四月七日、萩を発った玄瑞らは五月九日、晋作よりも早く江戸に到着する。くしくも長州藩は松陰門下の「竜虎」を江戸に送り込み、時代の最先端の「海軍」と「英学」を学ばせ、指導者に育て上げようとしていた。

ところが玄瑞が五月一九日、国もとの同志佐世八十郎・入江杉蔵にあてた書簡には、

「英学は未開。事（辞）書も乏しく候えば、少々困難にござ候」

と、早くも苦手意識を隠さない。それでも「このたび米利幹《メリケン》より帰る者の咄にも、外国大抵英文行われ候由にござ候」と、英語が万国共通語になりつつあることは認める。認めるがさっ

さと諦めたようで、堀の塾にもほとんど通わなくなった。

その原因のひとつは、物価高騰を目の当たりにしたからだ。開国して海外貿易が始まると、輸出過多により物価が上昇して庶民の台所を苦しめた。幕府は万延元年閏三月、いわゆる五品江戸廻送令を発して調整をはかろうとするも、上手くゆかない。玄瑞は先の佐世・入江あての書簡中で、外国人が我が物顔で横浜を闊歩すること、それに地元民が慣れていること、外国人が日本の食品を買いあさっていることを次のように憤慨する。

「横浜夷人の巣窟《そうくつ》と相成り、僕金川（神奈川）を過ぎると胡虜《こりょ》（外国人）横行、土人（地元民）視《み》慣《な》れて怪しまず。この間、沢山馬を買い候由、米は売らず候えども、蕎麦・小麦・粟・昆布・黒目等 苟《いやしく》も食物なればことごとく買い込み、ここに於いて諸色価直騰貴、人民大困窮つかまつり候」

ほかにも玄瑞は杉梅太郎などにも開国による物価騰貴、人民の困窮を嘆く様を手紙で知らせている。後期水戸学から生まれた尊攘論は、イデオロギー的要素が強かった。だが、ここに来て庶民の生活レベルへと裾野を広げてゆく。物価を下げるための、攘夷実行が必要なのである。玄瑞の考えでは、日本は自給自足が出来る国だった。わざわざ外国の都合で開国してやる必要はないのだ。

玄瑞の「横議横行」

玄瑞は尊攘運動に奔走する決意を新たにしたものの、肝心の長州藩は日和見で、方針は具体的に定まらない。そこで玄瑞は江戸にいる他藩の同志と、藩や身分の壁を越えた尊攘運動のネットワーク化を進める。既存の封建縦社会の権力とは別に、志ある者たちが横軸で繋がり新しい政治勢力を生み出そうとする。これを「横議横行《おうぎおうこう》」と呼ぶ。

大老井伊の横死後、幕閣の実権を握った老中安藤信正らは将軍徳川家茂に孝明天皇の妹和宮を降嫁させ、幕府が天皇の権威を取り込もうと画策した。

そうした中、文久元年（一八六一）四月にロシア軍艦が対馬を不法占拠する事件が起こった。その頃の玄瑞は一定の条件つきでの開国を認めるようになっていたが、あまりにも横暴なロシアのやり方に憤慨し、以後態度を硬化させる。これが後日、長州藩の進路にも大きな影響を及ぼすことになった。

玄瑞の日記や手紙には、連日のように水戸・薩摩・会津・土佐などの同志と会い、談じた旨が記されている。特に薩摩の樺山三円《かばやまさんえん》、土佐の武市半平太《たけちはんぺいた》（瑞山《ずいざん》）とは意気投合した。

そのためには、交際費が必要だった。公務ではないから、すべて自前となる。それでも玄瑞は良い刀を差し、身なりを良くしなければ他藩士に対して格好が悪いと言う。あるいは、奢ってやらないと面目も立たない。そこで妻の実家である杉家に、金銭を無心する手紙を頻繁に寄せる（『久坂玄瑞史料』平成三〇年）。度が過ぎた時は、

「僕は他游学生に比すれば謾《みだり》に黄金を散する様なれども、他人を斃《ついえ》し他人の徳心を受くる事、何にも嫌なれば所詮費用過多に相成り申し候」（万延元年一二月二三日、杉梅太郎宛て玄瑞書簡）

などと、言い訳にならないようなことも書く。どうも玄瑞には、一種の浪費癖があったようである。

尊攘運動のシンボル

尊攘運動のカリスマ的存在は、「尊王攘夷」の名付け親でもある水戸藩の前藩主徳川斉昭だった。ところが斉昭は安政の大獄で永蟄居《えいちっきょ》に処されたまま万延元年（一八六〇）八月一五日、水戸にて六一で病没してしまう。玄瑞は同月二四日、入江杉蔵宛ての手紙で斉昭の訃報を「神州の大元帥《だいげんすい》を竟《つい》に失い申し候。嘆息、嘆息」と知らせて嘆く。

そしてこれを機に、玄瑞は亡き吉田松陰を「横議横行」の新しい「大元帥」として祭り上げようとする。当時、松陰の全国的な知名度はそれほど高くはない。安政の大獄で処刑されたものの、密勅降下や将軍嗣継問題に直接関係していたわけではない。

このため玄瑞は、松陰の遺墨を杉家から取り寄せ、諸藩の同志に配ってまわる。松陰の思想

や志を語り、その理解者になってもらう。ある時などは、送ってもらった松陰の遺墨が「忽《たちま》ち諸友に奪い去られ申し候」と義兄の杉梅太郎に知らせ、手紙の切れ端でもいいから追加を送ってくれと頼む。

玄瑞のプロデュースにより、江戸で「松陰ブーム」が起こったようで、玄瑞の日記文久元年（一八六一）三月二一日の条には越前前藩主松平慶永（春嶽）が人を通じて、松陰の肖像画を十日ほど貸して欲しいと依頼して来たとの記述が見える。玄瑞は「寔《まこと》に有難き事」と感激した。現代にまで続く松陰の神格化は、この時を始めとする。

当初の目的だった英学修業をすっかり放り出してしまった玄瑞を、藩は帰国させようとした。ところが命令書が届くたび、江戸在勤の藩官僚である宍戸九郎兵衛や周布政之助らが握り潰す。ある時、宍戸は玄瑞を庇い「元来気節の士にて候ゆえ、自然当路え相触り候儀もこれ有るべく候えども、何卒擁護《ようご》つかまつりたき」と述べている。宍戸の後任の周布もまた、玄瑞は「気節の士」であり、国家有事の際は役に立つので「精々救助」したいと、藩の要路に書き送っている。

晋作、旅に出る

久坂玄瑞が英学修業そっちのけで横議横行の政治活動を始めたころ、高杉晋作も江戸に滞在中だった。だが、晋作はそのネットワークの中に、積極的に入ろうとはしない。晋作はあくまでエリートコースを歩む将来の高級官僚であり、草莽の玄瑞とは違う。それは玄瑞も理解しており、晋作を非難するようなことはなかった。

父小忠太から萩へ帰るよう促された晋作は北関東や信州の各地で剣術の試合をし、学者などに会いながら帰国しようと考える。航海術の挫折で失った自信を、得意の剣術で取り戻そうとしたのかも知れない。晋作はこの旅を「試撃行《しげきこう》」と名付けた。

万延元年（一八六〇）八月二八日朝、晋作は玄瑞や桂小五郎ら友人数人に見送られ、江戸を発つ。

常陸笠間では後期水戸学の流れをくむ儒者の加藤有隣《ゆうりん》に面談し、熱く語った。下野日光では華厳《けごん》の滝などを巡り、裏見の滝では案内人の制止を振り払い、本当に滝の裏までまわる。徳川権威の象徴である東照宮に参詣するも、「すこぶる慨嘆《がいたん》にたえざる」と批判したのは、前年松陰を幕府に処刑されているから当然と言えば当然だろう。

肝心の剣術だが、各地の道場を訪ねて試合を申し込んでみるも、当時流行していた道場荒しと間違われて、なかなか相手になってもらえない。

それでも下野壬生《みぶ》では聖徳太子流の剣豪松本五郎兵衛の道場が、試合に応じてくれた。ところが晋作は三日も滞在したものの、五郎兵衛にまったく歯が立たなかったとの逸話が壬生に残る。よほどショックを受けたのか、小まめに書かれていた晋作の旅日記「試撃行日譜」は壬生以降、まとまった記述が途端に無くなる。

晋作、象山を訪ねる

万延元年（一八六〇）九月二三日深夜、信州松代城下で幽囚生活を送る佐久間象山を訪ねて、面談した。松陰は生前、晋作に象山への紹介状（「己未文稿・与象山先生書」）を託していた。その中で松陰は晋作のことを、学問は未熟で経験も浅いが、意志の強さや直感力の鋭さを称え、考えも非凡だと評している。

ただ、晋作の日記には「夜九ツ前、ひそかに象山翁に謁《えっ》す。暁六ツ時まで談ず」とあるのみで、話の内容は何も書き残していない。一説では、象山に反発したとも言う。だが、海軍で世界に乗り出そうと考えていたこの時期の晋作なら、象山が説く開国を前提とした「東洋の道徳、西洋の芸術」に共鳴してもおかしくはない。

かつて黒船を目の当たりにした坂本龍馬がその門を潜ったように、象山は当時の若い知識人たちの憧れだった。それに象山は、亡き松陰の師でもある。玄瑞も晋作も、象山に会ってみたいと熱望していた。

実は玄瑞は晋作とともに象山に会い、そのまま松代に滞留して教えを受けようと計画してい

佐久間象山

たのだが、長州藩から許可が下りなかった。そのため晋作ひとりが、先に象山に会うことになったのである。

晋作は帰国後の万延元年一一月一九日、玄瑞に手紙で旅の報告をした。その中で象山との会談を「作間にては夜四ツ時迄豪談つかまつり候」とするが、自身の日記に書いた面談時間よりも長くなっているのは、ライバルに対する虚栄心が感じられなくもない。つづいて、

「対面する道は至って易くござ候。淹留《えんりゅう》の儀は六ケ舗《むつかし》かと存じ居り候」

とのアドバイスを与える。会うのは紹介者があれば容易だが、松代に滞在して学ぶのは難しいだろうと知らせる。

晋作と横井小楠

信州から北陸方面に向かった晋作は越前福井城下に横井小楠《しょうなん》（平四郎）を訪ねた。小楠もまた、かつて松陰が会い影響を受けた学者のひとりである。

横井は肥後藩士だが、政治に対する進歩的な考えが故郷では理解されなかった。しかし越前藩の前藩主松平慶永から招かれ、二年前の安政五年（一八五八）四月、五〇歳で福井にやって来て、藩校明道館の指導を任された。その実学的学問は高く評価され、藩政改革、とりわけ殖産興業政策に多大な影響を与えていた。

小楠は、民が豊かになることが政治の目的だと言う。民が豊かになれば、国も豊かになると考える。そのため為政者である武士は、懸命に努力しなければならない。武士のために民が働くという、当時の常識を覆すものだった。小楠は越前の物産を長崎へ運び、藩直営の殖産貿易を行い、みずからの富国論を実践しようとしていた。

相変わらず晋作の日記には、何の感想も書かれていない。だが、晋作は小楠の著作『兵法問答』全文と『学校問答』の一部を日記に書き写して長州に持ち帰った。為政者としての考え方に、強い影響を受けたようである。

『兵法問答』は和洋両方の武器の長短や、その陣法などを比較した論策だ。『学校問答』は嘉永五年（一八五二）三月、慶永の求めに応じて著された論策で、従来の藩校と政治の関係を厳しく批判し、なぜ人材が育成されないのかを追究する。もっとも「関西（西日本）にては長州の制度尤も宜しきを得候」と、明倫館を高く評しているから、この点は晋作も気分が良かったのではないか。それから大坂に出た晋作は、海路帰郷した。

晋作の初出仕

「試撃行」を終えた晋作が、萩に帰着したのは万延元年（一八六〇）一〇月下旬のことだった。先にも触れたが一一月一九日、晋作は江戸にいる久坂玄瑞に宛てて、加藤有隣・佐久間象山・横井小楠に会ったなどと知らせる手紙を書く。特に横井については「中々の英物、唯一無二の士と存じ奉り候。越前随分盛んなり」と絶賛する。つづいて、

「道中五十日余り程懸り申し候。色々様々の事に出合い、愉快にござ候。遊歴は学文実着に相成り、益《えき》を得ること少なからず候」

と、その感慨を素直に述べる。名門の御曹司として萩城下という狭い社会の中で過ごして来た晋作は、外の世界を存分に見て大いに刺激を受け、自身の未熟さを思い知ったらしい。

「僕、此の節三年戸を閉じ、読書の志起こり候」

と、家に籠もって学問をやり直したいので、どうすれば良いか玄瑞に助言を求めている。しかし、長州藩は晋作を明倫館に舎長として復帰させ、廟司暫役《びょうじぜんやく》（孔子廟の責任者）を任せ、さらに一二月には都講《とこう》（生徒の代表）にする。いかに将来を期待されていたかが、うかがえよう。

そして晋作に、初出仕の時が来た。文久元年（一八六一）三月一一日、明倫館在勤中より藩主世子毛利定広の小姓役を拝命したのだ。小姓は主君の最も近くで仕える職で、三五〇石以下

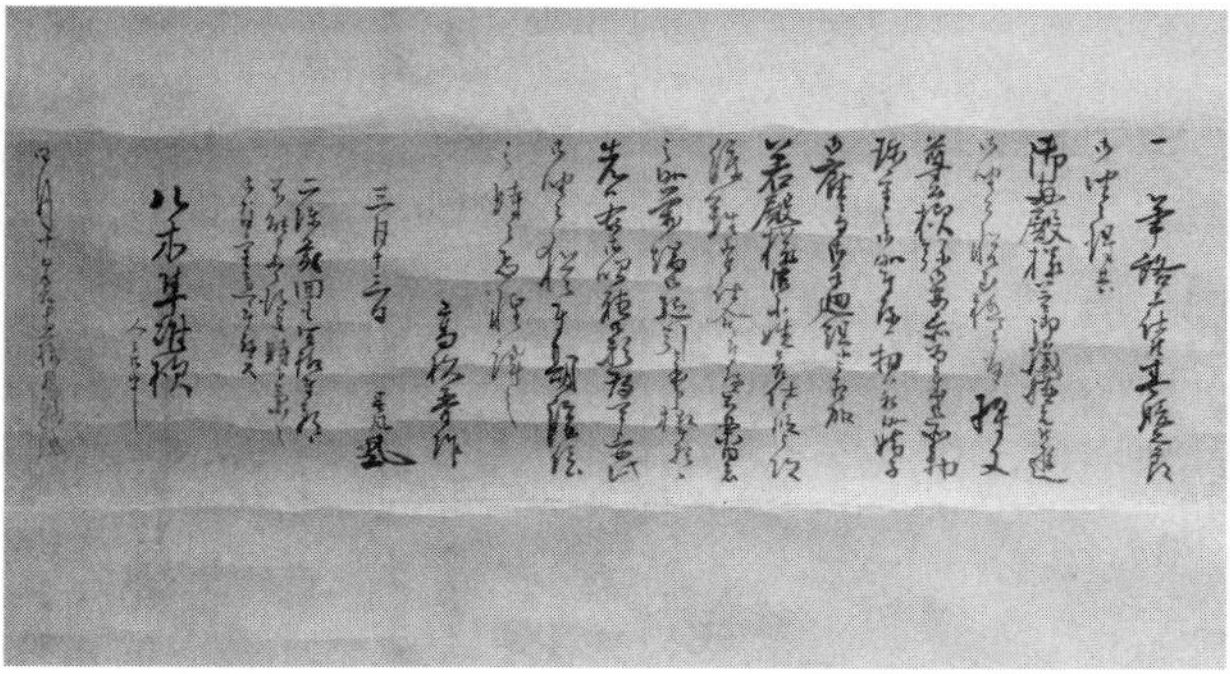

世子小姓役に就いたことを知らせる晋作の「吹聴状」（著者蔵）

の大組士から選ばれる。晋作の父小忠太も一七歳の時の初出仕が、藩主毛利斉元の小姓役だった。一人前の藩士となった晋作は、順調にエリートコースに乗った。

特に定広は晋作と同じ天保一〇年（一八三九）生まれで、小忠太はその教育掛を務めて来た。安政元年（一八五四）には元服のために江戸へ行く定広の列に晋作も加わるなど、単なる主従を越えた、あつい信頼関係がすでに築かれている。晋作は萩で殿中における作法などを研修後、定広のいる江戸へ向かった。江戸到着は七月三〇日である。

武市半平太の参入

久坂玄瑞は、江戸で横議横行に励んでいた。その輪の中に、剣客として知られた土佐藩の武市半平太が加わる。

土佐国は長宗我部氏の領地だったが、関ヶ原合戦で東軍に与した遠州掛川城主の山内一豊《やまうちかずとよ》が国主となり、入国した。ここに外様大名である土佐藩山内家（二四万石）が誕生する。その家臣団は上士と下士に大別された軍事組織となっており、平時はそれぞれ役職を務めていた。

下士である郷士の家に生まれた武市は文武修行に励んだ。やがて江戸へ出て、鏡心明智流桃井春蔵の剣術道場で塾頭を務める。武市が政治に目覚めるのは安政の大獄、桜田門外の変あたりからである。

一橋派の有志大名として国政に参加して来た土佐藩主山内豊信（容堂）は安政の大獄により安政六年（一八五九）二月、依願隠居し、養嗣子鹿次郎（豊範）が相続した。だが幕府は容堂を許さず、一〇月、謹慎を命じた。

家臣たちが受けた衝撃の大きさは、察するに余りある。さらに容堂の政敵である大老井伊が暗殺されるなど、激しい時局の動きを見て、武市も安座していられなくなる。国学者鹿持雅澄を叔父に持ち、神道書の平田篤胤『霊《たま》の真柱《みはしら》』を愛読するようになっていた武市は、天皇を絶対とする国体観もすんなり理解することが出来た。

文久元年（一八六一）八月一七日、玄瑞は旧知の土佐の大石弥太郎らの斡旋で、江戸の長州藩下屋敷（麻布）で武市と初めて会う。文政一二年（一八二九）生まれの武市は玄瑞よりも一回り年齢は上だが、政治運動家としては玄瑞の方が先輩格だった。

玄瑞は吉田松陰の詩歌や肖像を見せて、熱く語る。感激した武市は松陰の詩を書き写し、意味が解らない部分を傍らの者に尋ねた。その謙虚な態度に、玄瑞は好印象を抱く。つづいて玄瑞は、薩摩藩の同志樺山三円などにも武市を引き合わせる。

ここに薩摩・長州・土佐という、のちに討幕運動の大きな波に発展するネットワークが築かれた。もっともこの時点では玄瑞も武市も草莽であり、藩を動かすような実力は備えていない。

土佐勤王党と坂本龍馬

玄瑞らから影響を受けた武市半平太は、まず江戸にいる土佐藩士の中から同志を募り、文久元年（一八六一）八月、盟約書を作って署名血判したという。いわゆる「土佐勤王党」である。いわゆる、というのはそのような名称はリアルタイムの史料には見当たらず、後世になり付けられたものだからだ（本書では便宜上使う）。盟約の「前文」は、国学に長じた大石弥太郎が草したとされる。

「堂々たる神州戎狄《いてき》の辱《はずか》しめをうけ、古《いにしえ》より伝はれる大和魂も今は既に絶えなんと　帝《みかど》は深く歎き玉《たま》ふ」

に始まり、かつて山内容堂が「皇国の禍」を除こうと国政に物申したが、「却《かえっ》てその為に罪を得」たとする。「君辱かしめを受る時は臣死す」だから、次は自分たちが大和魂を奮い起こして結び付き、立ち上がるのだと誓う。究極の目的は、「上は帝の大御心をやすめ奉り、我が老公（容堂）の御心を継ぎ、下は万民の患《うれえ》をも払はんとす」である。容堂の志を継承し、孝明天皇を安心させるために攘夷を実行する。そうすることで、困窮する庶民も救うのだ。

この「前文」に続き一九二名が署名、血判したという。根拠とされる「土佐勤王党血盟者姓名簿の写」（以下、姓名簿と略称）は、瑞山会『維新土佐勤王史』（大正元年）という一千三〇〇余頁もある大著の巻頭に、活字化されて掲げられている。これを見るとまず、江戸で武市・大石ら八名が血盟した。九月四日、武市は江戸を発ち土佐に帰国し、引き続き血盟同志を集める。土佐では郷士など下士を中心に一八〇余名が血盟したが、その筆頭が「坂本龍馬直陰」となっている。

『維新土佐勤王史』には「姓名簿」に続き「血盟簿以外の勤王党同志人名簿」が掲載されている。こちらは何らかの事情で「姓名簿」に加えられなかった一二〇名の名が並ぶ。その中には武市門下で、後に京都で暗殺剣を振るう「岡田以蔵」や長崎の亀山社中で活躍した「近藤長次郎」の名も見える。

ただ、私は以前からこの「姓名簿」には疑問を抱く。まず、大石が草したという「前文」も一九二名の「姓名簿」も、原本が残っていない。一九二名もの血盟を得たという割には、当時の写本も見たことがない。結論から言うと私は明治以降、都合よく手が加えられた「史料」ではないかと見る。ちなみに『維新土佐勤王史』は明治一八年（一八八五）、東京に集まった田中光顕《みつあき》（のち宮内大臣）ら土佐勤王党の生き残り十数名が瑞山会を結成し、顕彰目的で編まれた武市とその同志の伝記である。

細かい検証は別の機会に譲るとして、一点だけ指摘しておくと「姓名簿」では龍馬が土佐における血盟者筆頭で、同志間で重きを占めていたように見えるのも不自然である。

武市と龍馬は縁戚関係だった。帰国した武市が、身近な龍馬に真っ先に血盟を求めた可能性は無きにしもあらずだ。だが、そうでなければ文久元年（一八六一）九月時点、龍馬の名は政治運動の中で認識されていたかすら怪しい。明治以降、英傑として祭り上げられてゆく龍馬を土佐における「姓名簿」のトップに据えることで、ひとつのストーリーを創り出そうとしたのではないか。

龍馬は誠実かなりの人物

坂本龍馬はいつ、何がきっかけで政治に強い関心を抱き、渦中に飛び込んだのだろうか。黒船来航時の父宛て書簡や土佐勤王党「姓名簿」などは、その疑問に答える貴重な史料のはずだが、真贋につき納得出来ない点があるのはすでに述べたとおりである。

条約調印問題、戊午の密勅、安政の大獄、桜田門外の変、和宮降嫁などリアルタイムで目の前を通り過ぎてゆく政治的大事件を龍馬はどのような思いを抱き、眺めていたのか、史料からはほとんど何も浮かび上がって来ない。二〇代前半、剣術を修行し、砲術を学んだことが分かる程度だ。

話は少し溯る。二度目の江戸修業を終えた龍馬は、安政五年（一八五八）九月三日に土佐高知の自宅に帰って来た。つづいて一一月二三日、伊予と土佐の国境に位置する立川の関に水戸藩の住谷《すみや》寅之介《とらのすけ》・大胡《だいご》聿蔵《いつぞう》がやって来て、手紙で龍馬を呼び出す。当時水戸の激派は安政の大獄を進める大老井伊への反撃を企み、同志を募るため各地を遊説していたのだ。

なぜ、龍馬に白羽の矢が立ったのかは分からない。江戸で龍馬と面識があった誰かが、その名を教えたのかも知れない。だが、二三日に友人の甲藤《かっとう》馬太郎・川久保為助を連れて立川に現れた龍馬は、住谷・大胡の期待を裏切るような男だった。住谷の日記には、

「龍馬誠実かなりの人物、併せて撃剣家。事情迂闊《じじょううかつ》、何も知らずとぞ」

とある。誠実な人柄は認めるものの、あくまで剣客で、時事については無知に見えたらしい。二五日、協力を約して龍馬らは立川を去ったが、その後消息が途絶えた。あきらめて一二月一日、立川を去った住谷は、

「外両人（甲藤・川久保）は国家のこと一切知らず。龍馬とても役人名前さらに知らず。空《むな》しく数日を費やし遺憾々々」

と日記に書き止め、無駄な時間を過ごしたと悔しがる。これが当時の等身大の龍馬だったの

ではないかと思われる。

長州藩是は「航海遠略策」に

横議横行で繋がった長州の久坂玄瑞、薩摩の樺山三円、土佐の武市半平太は文久元年（一八六一）九月、相次ぎ江戸を離れ帰国の途に就く。各人、藩論を「勤王」に定め、藩を挙げて京都に集結することを誓った。この場合の「勤王」とは大名が天皇の傘下に入り、天皇の指示を最優先して働くことである。藩という組織を挙げて行うため、「挙藩勤王」と呼んだ。だが現実は、藩という巨大組織は草莽には簡単には動かせなかった。

長州藩は同年三月二八日、直目付長井雅楽《うた》の「航海遠略策」を藩是として採用して活動を始めている。これは国防のためにも公武（朝廷・幕府）合体により国内を統一し、天皇の威光を世界に拡大するとの策だった。だから、幕府が行った開国を既成事実として認めなければならない。「知弁第一」と評された長井は朝廷と幕府に入説して、孝明天皇の気持ちをもつかむ。

久坂玄瑞は「航海遠略策」は幕府を扶《たす》け、朝廷を抑《おさ》える説だと断固反対したが、そんなことはお構い無しに政治は動く。寺社組の医者の卵にそれを食い止める力は無く、当たり前と言えば当たり前である。玄瑞は藩主の参府と和宮降嫁を阻止しようと企むも、いずれも失敗した。

土佐高知に帰った武市は同志を糾合する一方、藩政の実権を握る参政吉田東洋を説得するも、うまくゆかない。天皇から求められても、東洋らが藩主山内豊範を京都に出そうとはしないのは、先代の容堂が国政に口を出し、手痛いしっぺ返しを受けた苦い経験があるからである。いたずらに、幕府を刺激したくはない。

長州萩に帰り、失意に打ちひしがれている玄瑞のもとに、坂本龍馬が訪ねて来たのは文久二年（一八六二）一月一四日のことだった。玄瑞の日記同日の条には、「土州坂本龍馬、武市書翰携え来訪」とある。武市はこの前後にも土佐勤王党の大石団蔵・山本喜三之進・吉村虎太郎らを使者として玄瑞のもとに派遣して連絡をとり、時に苦衷を訴えていた。龍馬も武市の手紙を携えて来たメッセンジャーのひとりだが、土佐藩から得たのは剣術修行の許可だった。

龍馬は丸亀城下の矢野市之進道場に立ち寄ったりもしているから、目的は額面どおり剣術修行だったのだろう。芸州坊妙までは修行許可の範囲だったから、ついでに隣国の長州に武市の使いで寄った程度の話だったのかも知れない。

龍馬覚醒

坂本龍馬は結局、文久二年（一八六二）一月一四日から二三日までの一〇日間、萩城下に滞在した。最初の一泊は松下村塾グループの松浦松洞《しょうどう》（亀太郎）の世話で松本村の旅館に泊まったが、二泊目からは久坂玄瑞の配慮によって藩営の文武修行者宿の使用が許された。

この一〇日間で、明らかに龍馬が変わる。詳しいことは分からないが、玄瑞の日記には、

「十五日　晴、龍馬来話。午後文武修行館へ遣わす。是の日佐世（前原一誠）・中谷（正亮）・寺島（忠三郎）・岡部（富太郎か）・松洞など来る。藁束を斬る……坂本生などの周旋これ有るを以てなり」

「十七日　晴、土人（龍馬）を訪う」

「二十一日　晴、土人（龍馬）の寓する修行館を訪う」

「二十三日　晴、是の日を以て土州人（龍馬）去る」

とある。また、玄瑞の同志である堀真五郎は「久坂その外同志者としばしばこれ（龍馬）を訪い、猪肉を煮、酒を酌んで国事を談じ」（『伝家録』）たと後年、回顧している。

これら僅かな史料からうかがえるのは龍馬は連日、玄瑞をはじめ松下村塾グループの面々と「国事」を談じたということである。談じたと言えば聞こえがいいが、龍馬のレベルでは一方的な聞き役でしかなく、百戦錬磨の玄瑞たちから尊攘論を徹底して叩き込まれたのではないか。

言い方が悪いかも知れないが、狭い空間に閉じ込めて一〇日にわたり「尊攘教」「松陰教」の洗脳が行われたのである。これら過激な政治思想は閉塞感に苦しむ若者の心を、鷲摑みにしやすい。実際明治以降、特に太平洋戦争時は、これらの「教え」に感化された多くの若者の命が戦場に散っていった。

龍馬はすでに二八歳。当時の感覚では若いとは言い難いが、それでも「教え」は琴線に触れるものがあり覚醒したらしい。ここに政治運動家としての龍馬が誕生した。

玄瑞の手紙

玄瑞は帰国する龍馬に、武市半平太宛ての返書（文久二年〈一八六二〉一月二一日付）を託す。それにはまず、

「此の度坂本君御出浮在らせられ、腹臓無く御談合つかまつり候事、委曲御聞き取り願い奉り候」

と、詳しい話は龍馬から直接聞いてくれるよう言い、有名な次の一節が続く。

「竟《つい》に諸侯恃《たの》むに足らず、公卿恃むに足らず、草莽志士糾合義挙の外には迚《とて》も策無しの事と私共同志中申し合わせ居り候事にござ候」

最早権力者などは頼りにせず、横議横行で培って来た「草莽志士」の力だけで尊王攘夷を実現させる時だと訴える。

もっとも、これは当時玄瑞の思いどおりに藩という組織が動かなかったからで、もし利用出来るならばそちらの方が良いと現実的に考えていた。それは、以後の玄瑞の言動を見れば明らかである。書簡はさらに、次のように続く。

「失敬乍《なが》ら尊藩も弊藩も滅亡しても大義なれば苦しからず。両藩共存し候とも、皇統綿々、万乗の君の御叡慮相貫き申さずては、神州に衣食する甲斐はこれ無き歟《か》と友人共申し居り候事にござ候」

土佐藩も長州藩も叡慮《えいりょ》（天皇の考え、つまり攘夷実行）を貫くためなら、滅んでも構わないと言う。これは玄瑞の本音であろう。本来、藩政に直接係わることを許されない身分だから、あまり組織に対する忠誠心で物事を考えようとはしない。あくまで天皇が絶対なのだ。この点、高杉晋作のような組織を重視し、簡単には捨て身になれない官僚志士とは違う。

この玄瑞の書簡は「就《つい》ては坂本君へ御申し談じつかまつり候事とも、篤《とく》と御熟考下さるべく候……何も坂本様より御承知下さるべく候」と続き、終わる。武市への重要な伝言を龍馬に託したのだ。その伝言とは、やがて明らかになる。

島津久光の登場

長州・土佐藩は草莽が望む「挙藩勤王」の方には動いてくれなかったが、薩摩藩は違った。

文久二年（一八六二）元日の午後、長州萩の玄瑞のもとに、一通の書簡が届く。江戸で玄瑞と横議横行を推進し、薩摩に帰国した樺山三円からである。玄瑞は日記に「奮興」し、「元日此の書（樺山書簡）を得るを以て吉兆となす」と期待を込めて記す。

このころ、薩摩藩では国父（藩主の父）島津久光が実権を握る体制が確立した。久光は兄で先代藩主斉彬の遺志を継ぎ、国事周旋に乗り出す決意を固める。まず、兵を率いて京都に上り、孝明天皇のお墨付きを貰う。それから江戸へ下り、天皇の権威と薩摩藩の軍事力を背景に幕府改造を迫るとの計画だった。

龍馬に託された玄瑞の武市半平太へのメッセージとは、この久光上洛に関するものだろう。もっとも、玄瑞は久光が討幕の挙兵を行うと勘違いしている。もと公家中山家の家士田中河内《かわち》介《すけ》、出羽の清河八郎、筑後の真木和泉、肥後の宮部鼎蔵、筑前の平野国臣、豊後の小河一敏ら草莽もそのような風説を信じ、呼応すべく京都に集まろうとする。

武市宛ての書簡からもうかがえるとおり、当初玄瑞らは脱藩も考えていた。だが、薩摩藩への対抗意識を煽るや、長州藩政府が動く。結果、二〇〇人からの軍事力が上方に派遣された。京都留守居役の宍戸九郎兵衛が、薩摩の草莽とつながる玄瑞を重視した。このため、玄瑞の政治的ポジションは急騰する。だが一方で藩意識が強まり、以後横議横行の精神は極端に薄れ、藩同士の功名争いが激化することにもなる。

一方、玄瑞から挙兵への呼応を求められた土佐藩の武市は、あくまで「挙藩勤王」にこだわり動こうとはしない。このため龍馬は三月二四日、脱藩してしまった。

一千の兵を率いて四月一六日、京都に入った久光だったが、最初から草莽を関与させる気などない。まして、かれらの首領となり挙兵するつもりもない。浪士取り締まりの勅旨を得た久光は四月二三日、草莽と結び挙兵にかかろうとしていた薩摩藩士有馬新七らを、伏見寺田屋で上意討ちにして暴発を未然に防いだ。予定が狂った長州の玄瑞らも、計画をみずから封じ込めるしかない。

これにより孝明天皇の信頼を獲得した久光は幕府に向けて勅使を出してもらい、その護衛として六月、江戸に乗り込む。そして安政の大獄で失脚していた松平春嶽を政事総裁職、一橋慶喜を将軍後見職として幕閣に復帰させるなど、幕府内部の改革を実行する。しかし久光自身は幕閣入りを許されなかった。

それでもこの、久光のパフォーマンスは天皇権威さえ抱え込めば外様大名（久光は大名ですらない）でも幕府の人事に介入出来ることを世に示し、以後の政治運動に重要な影響を及ぼす。

第4章　尊王攘夷

龍馬の脱藩

長州萩から高知に帰った坂本龍馬は「挙藩勤王」にこだわる武市半平太に限界を感じたのか、文久二年(一八六二)三月二四日夜、高知城下から出奔した。三月六日、宮野関門から脱藩した吉村虎太郎に続こうとしたのだろう。

日頃から龍馬は、兄権平が所蔵する肥前忠広の一刀を欲しがっていた。権平が「脱走せねばやる」と言うと、龍馬は「そんなら私も思案してみましょう」と答えたという(拙著『わが夫坂本龍馬』新版、平成三一年)。家族も龍馬が脱藩すると、薄々気づいていたのかも知れない。

龍馬にひそかに刀を与えたのは三人の姉のうち、一番下の姉乙女だったという。なお、真ん中の姉栄が、龍馬が脱藩時に刀を渡したため責任を負って自決したとの悲劇が伝わるが、フィクションであろう。栄は柴田作右衛門に嫁ぎ、弘化年間(一八四四~四八)に没したことが墓碑銘から分かる。道義的問題はともかく、郷士の次男だから脱藩しても大した問題にならなかった。

龍馬は同志の沢村惣之丞(関雄之助)と共に夜道を西へ進み、四国山脈を越えて瀬戸内海を渡る。『維新土佐勤王史』によれば本州最西端の長州下関に至ったが、挙兵には間に合わないからと龍馬は九州諸藩へ、沢村は京都へ、それぞれ事情探索に向かったという。ただ、これとて確かな裏付けがあるわけではない。

下関商人白石正一郎の日記に龍馬来訪の記事があると書いたのは、山内家家史編輯所に在籍したこともある平尾道雄である。古典的な龍馬伝記である平尾の『坂本龍馬 海援隊始末』（昭和四年）や『海援隊始末記』（昭和一六年）には白石日記の記述は見えないが、『龍馬のすべて』（昭和四一年）になると「下ノ関の人『白石正一郎日記』に、四月一日、龍馬が同家を訪問したことを書いている」とあり、中公文庫版『坂本龍馬 海援隊始末記』（昭和五一年）にも同種の記述がある。しかし現存する白石日記（『白石家文書』昭和四三年）には龍馬来訪の記述が見当たらない。私は平尾の単純な勘違いではないかと思う。ならば下関や九州ではなく、挙兵参加のために京都を目指した可能性も考えてよい。

確かなのは、龍馬も沢村も捕らえられなかったことだ。土佐を脱藩して挙兵に参加しようとした吉村虎太郎と宮地宜蔵《ぎぞう》は大坂の薩摩藩邸に潜んだが捕らえられ、国もとに送り返されている。ここから、しばらく龍馬の消息が途絶える。

長崎での晋作

文久二年（一八六二）は、後に「勤王年」と呼ばれた。天皇の政治的発言力が急速に高まり、それをサポートする薩摩・長州・土佐藩の動きも活発になったからである。だが当時の高杉晋作は横議横行にもほとんど加わらず、草莽の久坂玄瑞のような「志士活動」を行っていない。晋作の勤務日誌『暬御《せつぎょ》日誌』『初番手《しょばんて》行《こう》日誌』を読むと、世子小姓役の任を淡々と真面目に遂行している。

坂本龍馬が脱藩した頃、晋作は長崎で清朝中国の上海に渡る船が出るのを待っていた。長州藩は将来有望な若手官僚の晋作を幕府の船に乗せ、上海に渡航させて「外国の事情形勢、なお制度、器械等」の視察を命じた。

こうして晋作は文久二年一月三日、江戸を発ち長崎に向かった。だが、船はなかなか出帆しない。この間晋作は長崎の街を歩き、積極的に情報を集めている。

安政六年（一八五九）に横浜などが開港されるまで、長崎は江戸時代を通じて西洋に向けて開かれた唯一の窓口だった。ある時は、崇福寺に滞在して日本語を学んでいるというアメリカ人宣教師を訪ねた。アメリカの南北戦争の話を聞き、「外乱より内乱の方、おそるべし」と感じる。アメリカ社会では「士」と「民」が分かれておらず、国王も庶民に戻ると聞かされても、いまひとつ理解出来ない。キリスト教の話になると、日本で布教するつもりではないかと危機感を抱いたりする。

あるいは、越前藩や薩摩藩が物産品を海外輸出するために建てた倉庫を見た晋作は、長州藩も遅れをとってはならぬと感じる。ただちに藩の要路に意見書を書き、長崎貿易を提案した。

越前藩の物産総会所は、二年前に会った横井小楠の民富論を実行に移したものだったから、なおさら注目したはずである。

上海に渡る晋作

上海行きのために幕府がイギリス商人から購入した千歳丸《せんざい》は、三本檣《ほばしら》の木造帆船だった。文久二年（一八六二）四月二九日早朝、晋作を乗せた千歳丸はようやく長崎を出帆する。日本側の乗組員は水夫まで含めて五一名、その中に幕臣従者の地位を得た晋作ら一二名の諸藩士も含まれていた。さらに操船のため、イギリス人一三名も加わった。

五月一日は台風で玄界灘が荒れたが、晋作は意外と平気だったようだ。しかも晋作は航海の里数・船向・風といった記録を、一時間ごとに記録している。五月三日には水夫として乗り込んでいた薩摩藩士五代才助（友厚《ともあつ》）と意気投合して、「志」を語り合う。

こうして五月六日、千歳丸は上海港に到着した。軍艦数千隻が碇泊し、陸上には城郭のような諸国の商館が軒を並べる光景に、晋作たちはまず度肝を抜かれる。

この時から二〇年前、アヘン戦争でイギリスに敗れた中国は「南京条約」により、上海など五港を開港させられ、香港を割譲させられた。イギリスは各港に領事館を置き、中国から貿易の主導権を奪う。上海には租界が設けられた。これにアメリカ・フランスが続き、以後上海は一世紀にわたり西洋列強の支配を受ける。晋作たちが見たのは、こうした外国勢力の下に栄える上海の新しい顔だった。

上陸した晋作は、連日のように市街を歩き回る。日記を見ると大抵は、佐賀藩士の中牟田倉《なかむたくら》之助《のすけ》が同行した。中牟田は長崎の海軍伝習所で学び、佐賀藩海軍の指導者として活躍していた。晋作は漢学、中牟田は英語という互いの得意分野で協力し合い、情報を集めてゆく。

上海で見たもの

後日晋作は、上海行に関する日記や記録を『遊清五録《ゆうしんごろく》』(『高杉晋作史料・二』平成一四年)として纏めている。これによると晋作は早くも文久二年(一八六二)五月六日の条で、現地人が外国人に使役《しえき》させられていると憐《あわ》れみ、日本も同様になってはいけないと気を引き締めている。同月二一日の条には英仏人が通ると、現地人が道べりに避ける場面を見て、

「実に上海の地は支那に属するといえども、英仏の属地というべきだ」

との感想を述べる。他にも晋作は目撃した衝撃的な光景を、いくつか日記に書き留めている。蘇州江《そしゅうこう》にイギリスが架けたガーデンブリッジを渡る際、現地人はイギリスに通橋料を払うことや、上海城内の文廟(孔子廟)が太平天国軍鎮圧のためのイギリス兵の陣営と化していることなど。こうして晋作は外国に支配される国の惨めさを痛感し、西洋列強への危機感を強めて

ガーデンブリッジ（2代目）＝中国・上海市

ゆく。

さらに六月一七日には中牟田とともにイギリス軍が守る砲台へ行き、そこに据えられた最新式のアームストロング砲を見学して西洋火器の威力に圧倒される。

また、五代才助から蒸気船を購入した薩摩藩が、いずれは西洋に赴き交易を行うのだと聞かされた晋作は、驚く。当時長州藩は、木造帆船を二隻所有しているに過ぎなかった。そこで中牟田とともにオランダ商館に赴き、蒸気船を見学したりする。蒸気船一隻でどれほど世界が広がるかを、晋作は痛感した。

蒸気船が欲しい

約二カ月の上海視察を終えた幕府視察団一行が、長崎に帰着したのは文久二年（一八六二）七月一四日である。

翌日晋作はオランダが蒸気船を売りに出していると知り、これを長州藩が購入するとの約束を独断で結んでしてしまう。価格は二万両とも言われるが、財政的な理由からも許されるはずがない。オランダ側も手を引いたため、話は流れた。

上海が西洋列強の支配下に入った原因を、晋作は「空《むな》しく歳月を送り、断然大平の心を改め、軍艦・大砲を制造し、敵を敵地に防ぐ大策が無かった」からとし、「我が日本もすでに覆轍《ふくてつ》を踏むの兆《きざ》しあり」と見る。覆轍を踏むとは、前人の誤りを繰り返すとの意だ。

晋作の危機感は帰国後、藩内外の同志に伝播した。中でも独断で軍艦を注文した噂はかなり評判になったようで、江戸にいた土佐勤王党の間崎哲馬《まざきてつま》（滄浪《そうろう》）が八月一五日、同藩の五十嵐文吉にあてた手紙には、

「長州には今正月高杉晋作と申す人上海へ赴き、和蘭へ注文（蒸気船を）に相成り、明年正月迄に乗り廻る筈。長さ弐拾五間ばかり、価は七万ドルと申し候。なお近日晋作に直話の上申し上ぐべく」（『維新土佐勤王史』）

などとある。誤情報も目立つが、間崎はこれに刺激されて土佐藩に蒸気船購入の急務を説く。

間崎の提案は土佐藩当局を動かしたようで、一一月六日には船奉行堀部左助から船局改革意見書が出され、翌春には後藤象二郎らが航海術実習生として江戸に派遣された。龍馬もその流

れで勝海舟に師事することを公認される（平尾道雄『間崎滄浪』昭和四七年）。

長州藩是は奉勅攘夷に

晋作が上海に渡っている間に、薩摩藩の快進撃への対抗意識もあり、長州藩は大きな方向転換を断行した。まず、文久二年（一八六二）五月、藩内外の尊攘派から非難され、朝廷を誹謗《ひぼう》する箇所があるとのクレームもついた「航海遠略策」を引っ込める。主唱した長井雅楽は失脚、帰国させられた（翌三年二月六日切腹、享年四五）。

七月六日、京都河原町の長州藩邸で御前会議が開かれ、「航海遠略策」の正式な破棄が決まり、かわりの藩是は「奉勅攘夷」となる。孝明天皇の意（叡慮《えいりょ》）を奉じ、西洋列強との条約を破棄し、成否を度外視して攘夷を実行するというのだ。

あまりにも無謀な藩是に、江戸詰めの行相府からは反対意見が出た。ところが京都藩邸の宍戸九郎兵衛・中村九郎・桂小五郎は断固攘夷を主張し、押し切る。藩内でも朝廷に近い京都詰めの政治的発言力が、高まっていたことがうかがえる。

宍戸ら藩首脳部も、力任せの攘夷が可能だとは本気で考えていない。天皇の意志で日本を一本化して攘夷を実行し、その上で列強との間に再び対等な条約を結ぶのである。攘夷に賛同した周布政之助が、

「攘は排《はい》なり、排は開なり、攘夷而して後国《のち》を開くべし」と揮毫《きごう》しているように、攘夷の目的は開国であり、政治的戦略として行う。もっとも、実行するのは後期水戸学の影響を受け、鎖国に戻ろうとする久坂玄瑞のような草莽だった。

中央政局に進出したものの、そもそも長州藩主父子は「有志大名」ではない。藩士たちにかつぎ出されて国政の舞台に立たされたので、具体的な方策を持っていない。このため、横議横行を行って来た玄瑞の持つ情報と人脈に、頼らざるをえなくなる。

そこで玄瑞は今後の藩の進路を示した論策『廻瀾条議《かいらんじょうぎ》』（『久坂玄瑞全集』昭和五三年）を八月二日、藩主父子に提出した。その中で玄瑞は条約を破棄し、幕府の罪を糺《ただ》し、朝廷を政局の中心に据えると訴える。また、「正邪の弁」を明らかにするため長井雅楽を極刑に処し、吉田松陰の霊を祭り上げるべきだと言う。以後、長州藩は原則として玄瑞が示した進路に沿うように進む。

つづいて長州藩は朝廷に、叡慮が攘夷であるかを確認した。前年の「航海遠略策」を支持して開国に傾きかけた孝明天皇だったが、方針転換したとは言えない。言えば威厳にかかわるからである。こうして閏八月二七日、朝廷は長州藩に促されるような格好で、叡慮は攘夷だと発表した。もっとも国是の決定は将来の「衆議」によるとの但し書き付きだが、長州藩はその部分を無視し、叡慮を絶対のものとして振りかざし、攘夷実行を目指して暴走を始めた。

土佐藩も京都に

焦る武市半平太は刺客（那須信吾・安岡嘉助《かすけ》・大石団蔵）を放ち、土佐藩の実権を握る参政吉田《よしだ》東洋《とうよう》を暗殺した。龍馬脱藩から二週間ほど後、文久二年（一八六二）四月八日夜のことである。一部には龍馬を刺客と疑った者もいたようだが、これは時機から見ても濡れ衣だ。

東洋が除かれたことで、土佐藩はともかく動く。六月二八日、出府のため土佐を発った藩主山内豊範の行列は途中大坂に留まるも、八月二五日には京都に入る。朝廷は土佐藩主に滞京、警備を依頼し、薩長とともに国事周旋するよう沙汰を出した。こうして土佐藩は「勤王」で一本化されてゆく。

藩主に随行して大坂にいた樋口真吉の日記『遣倦録《けんけんろく》』（『維新日乗纂輯・一』昭和元年）七月二三日の条に、「龍馬に逢う、一円（一両）贈る」とある。上方で窮していた龍馬は、旧知の樋口に救いを求めたのだ。次に龍馬の足跡が確認出来るのは九月一一日の間崎哲馬書簡で、江戸にいる数人を紹介した中に「外輪にては龍馬」とある。外輪とは公務ではないとの意味だろう。樋口から貰った一両は江戸行きの旅費だったのかも知れない。

閏八月一四日、武市と平井収二郎は藩官僚の小南《こみなみ》五郎右衛門や谷干城《たてき》とともに、京都での他藩応接掛を命じられた。武市・平井も江戸における横議横行の経験が認められたのである。

だが、薩長に続く三番手である土佐藩は、存在感が薄い。そこで武市はこれまで幕府方に加担して「安政の大獄」に協力して来た者などを暗殺し、土佐の名を知らしめようとする。このため八月二一日に越後浪士本間精一郎、九月一日に目明し文吉、九月二三日に幕吏渡辺金三郎ら四名などが次々と武市門下の岡田以蔵や薩摩の田中新兵衛らにより暗殺された。こうした暗殺に、龍馬は係わっていない。

さらに土佐藩が奔走し、将軍徳川家茂に攘夷実行を迫るための勅使を派遣する。三条実美が正使、姉小路公知が副使、いずれも若手の攘夷派公家である。京都発は一〇月一二日で、護衛の列には柳川左門と変名した武市はじめ土佐勤王党の面々がいた。同月二八日、品川に到着したが、将軍家茂は大流行の麻疹にかかっており、勅使との対面はただちには実現しなかった。

晋作の脱藩

高杉晋作は長崎から萩を経て江戸を目指すが、途中、尊攘派が席巻する京都に立ち寄り、文久二年（一八六二）八月二八日、藩主毛利慶親に謁して上海行の報告を済ませた。

ただ、藩是が奉勅攘夷と決まったことに、上海帰りの晋作は必ずしも満足していない。本気で攘夷を行うならば、京都で周旋するよりも一日も早く国もとに帰り、武器や軍艦を購入して、率先して攘夷を実行すべきだと考えている。このころ、晋作が宍戸九郎兵衛に宛てた手紙には尊攘運動に対する不満をぶちまけた、次のような一節がある。

「多き中には、自分の名を他国人などに知られたきがため、言わいでもよき（言わなくてもよい）事を馳せ巡り、虚言を吐き散らし、勤王の志あるを知られたきため、往かいでもよき（行かなくてもよい）公卿方へ陪臣の身分も忘れまかり出て、議論など申し上げ候事、実に悪《にく》むべき事にござ候」

蒸気船を購入せず、京都で湯水のごとく金を使う長州藩に対し、晋作が反発するのも無理はない。また、官僚としては草莽の台頭にも戸惑っていた。草莽が分不相応な活動を行っていることに、嫌悪感を隠さない。

閏八月六日、晋作は江戸行きを命じられた。江戸で晋作は世子毛利定広に謁し、京都周旋に反対する旨を述べるも聞き入れられなかった。すると、攘夷実行の同志を募るため閏八月二七日、次のような誓書を残して出奔し水戸へ向かう。

「私儀心底は今回、御前にて申し上げ候通りにござ候。右につき、余儀なく亡命つかまつり候。一念も君上に負《そむ》かず候段、先霊鬼神に誓い奉り候」

同時に晋作は父小忠太にも花押付きの、畏まった書簡も残す。

「私儀この度国事切迫につき余儀なく亡命つかまつり候。御両人様へ御孝行つかまつり得ざる段、幾重も恐れ入り奉り候。何とも御高免なし下され候」

これまで忠孝を絶対とし、みずからを律してきた晋作が、不忠、不孝者になるのを顧みず、行動の人になると宣言したのだ。上海を見た衝撃はそれ程大きなものがあった。それにしても脱藩にあたり、主君と親にわざわざ誓書を残すのが、晋作らしい。

晋作は、ひとまず常陸笠間の加藤有隣のもとを訪ねた。二年前、試撃行の際意気投合した儒者である。しかし加藤は晋作の脱藩に、反対した。志を遂げるにしても、藩という巨大組織を離れない方がよいとも諭した。こうして晋作は、九月半ばには江戸に帰った。桂小五郎らの配慮により、脱藩の罪にも問われずに済んでいる。

外国人要撃未遂

長州藩の極端な藩是転換は、逆に世間の不評を買った。さらに文久二年(一八六二)八月二一日、薩摩藩が行列の通行を邪魔したイギリス人を生麦村(現在の横浜市)で斬り尊攘派に絶賛されると、長州藩は対抗意識を燃やす。

高杉晋作は覚悟を決め、長州藩内で同志を募る。一一月一三日朝、横浜金沢にピクニックに出かける外国人を斬る計画である。成功すれば勅使から攘夷実行を迫られた将軍家茂は背水の陣に立たされ、長州藩も覚醒するはずだった。

賛同したのは長州の大和弥八郎・長嶺(渡辺)内蔵太《くらた》・志道聞多《しじぶんた》(井上馨)・久坂玄瑞・寺島

忠三郎・有吉熊次郎・白井小助・赤祢幹之丞《あかねみきのじょう》（武人）・品川弥二郎・山尾庸造（庸三）の一〇名。うち大和・長嶺・志道は晋作と同じく大組士の官僚で、この計画を主導した。草莽から発した過激な攘夷論は、瞬く間に長州藩上層部を席巻していたことがうかがえる。

だが、玄瑞はこれまで培って来た草莽の横議横行を大切にしたい。そこで土佐藩の同志を勧誘した。玄瑞の日記一一月一一日の条には、次のようにある。

「暢夫（晋作）同行、勅使館に往き、武市を訪い、龍馬と万年屋一酌《いっしゃく》、品川に帰る」

玄瑞と晋作は、勅使に従う武市に外国人要撃への参加を持ちかけた。その後龍馬と一酌とあるが、そこに晋作は同席したのだろうか。もし一緒だったら、この時が晋作と龍馬の初対面だった可能性が高い。

脱藩後半年ほどのわずかな足跡を見ると、龍馬は上方、江戸と武市ら同志の周囲で動いていた様子がうかがえる。そして武市も龍馬も、外国人要撃には賛意を示さなかった。それどころか危険視した武市は、山内容堂に知らせてしまう。

晋作らは、前日までに神奈川宿下田屋に集まった。ところが一三日朝、金沢へ向かおうとしたところ、容堂からの通報に驚いた世子毛利定広の使者がやって来て、晋作らに計画の中止を求めた。勅使三条実美も使者を派遣して来る。さらに幕府の兵二、三〇人も神奈川宿の周囲を取り巻く。

観念した晋作らは君命もあって、蒲田の梅屋敷まで出頭した。ここで世子定広は、晋作らを慰撫する。「自分の才は乏しいが任は重い、お前たちに助けてもらわねば困る。どうか見捨てないで欲しい」といった調子だ（中原邦平『井上伯伝・一』明治四〇年）。

世子の退出後には、別室で酒肴が出された。そこへ土佐藩士四名と周布政之助がやって来た。酒の勢いもあり、面白くない周布が容堂を非難して土佐藩士との間にトラブルが生じるといった一幕もあった。

維新後、龍馬の近親者が著したと見られる『土藩坂本龍馬伝』（山口県文書館毛利家文庫蔵）には外国人襲撃計画を知った龍馬が、「大いに驚き、その不可なる事を弁説して漸く鎮止せり」とある。晋作にすれば龍馬に計画を邪魔されたわけで、その出会いは必ずしも幸福なものではなかったようだ。

御殿山英国公使館焼き打ち

文久二年（一八六二）一一月二七日、勅使三条実美・姉小路公知は攘夷実行の期限を決めよとの勅を将軍家茂に渡した。

外国人要撃に失敗した晋作らは藩邸で謹慎するが、ひそかに御楯組《みたてぐみ》と称し、血盟書をつくり団結を確認する。現存する血盟書は三メートル余りもあるが、半分ほどを占める前文ではこれ

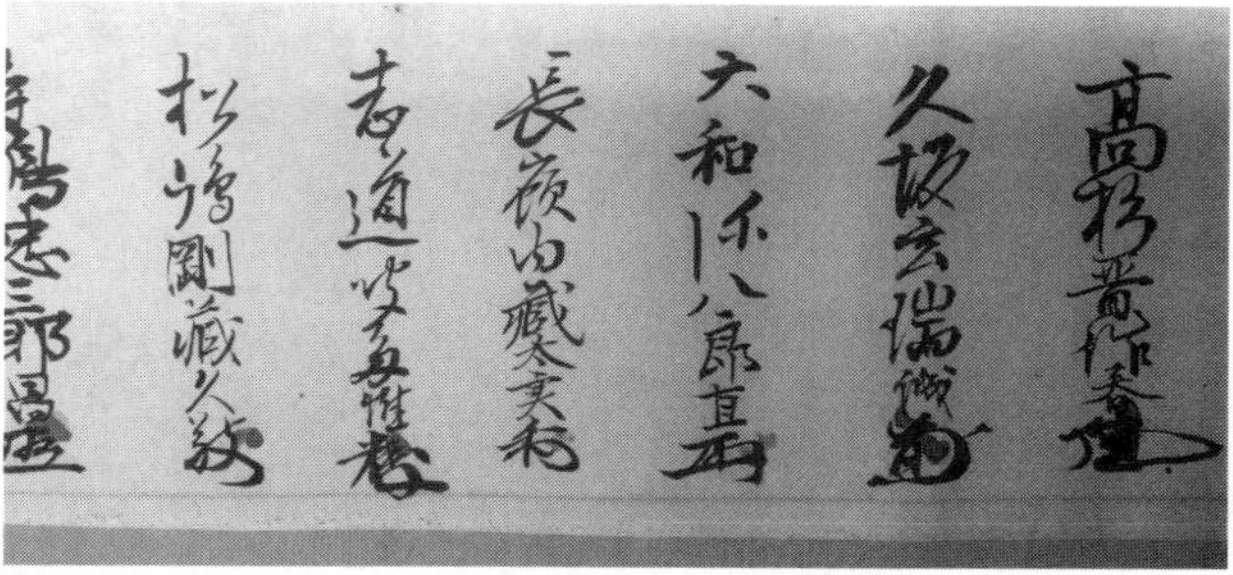

御楯組血盟書の晋作・玄瑞ら署名部分（静岡市教育委員会所蔵）

までの経緯が述べられ、

「百折不屈、夷狄を掃除し、上は叡慮を貫き、下は君意を徹する外他念これ無く、国家の御楯となるべき覚悟肝要たり」

といった趣旨が続く。この前文を書いたのは久坂玄瑞である。それから晋作・玄瑞・大和弥八郎・長嶺内蔵太・志道聞多・松島剛蔵・寺島忠三郎・有吉熊次郎・赤祢幹之丞・山尾庸造・品川弥二郎の署名血判が続く。

注目すべきは晋作から松島までの六名中、玄瑞ひとりが寺社組で、他は格上の大組である点だろう。晋作が筆頭なのは格から言って当然だが、次が玄瑞になっているのはある意味異様だ。しかも血盟書の現物は玄瑞が管理した（妻文の再婚先である楫取家に伝わり、明治終わり頃井上馨の所蔵となった。現在は静岡市蔵）。この時期、長州藩は玄瑞に引っ張られていたことが分かる。ここまで来ると晋作も、草莽の台頭を認めざるをえない。

一二月九日、世子が江戸を発つや、晋作らはただちに行動に移り、品川の相模屋（土蔵相模）に本拠を移す。次なるターゲットは、品川御殿山に幕府が建設中の英国公使館である。一二階建ての木造洋館で、この頃はほぼ完成していた。一二日深夜、晋作らはひそかに忍び込み、火薬を使って全焼させる。メンバーは先の血盟書の一一名から品川が風邪で抜け、白井小助・伊藤俊輔（博文）・堀真五郎・福原乙之進を加えた一四名だった。

これだけの事件でありながら、犯人はついに捕まらなかった。実は幕府は、御殿山の使用を認めないという朝廷と外国の間で板挟みになって苦しんでいたのだ。そんな時、誰かが放火してくれた。テロ再発を恐れるイギリスは二度と御殿山の使用を言い出さなかった。幕府にとり好都合な事件であり、犯人捜査に本腰を入れなかったのだろう。もっとも水面下では長州の仕業との噂が広まったから、晋作も当初の目的を一応は達成した。

なお、数カ月後の文久三年五月一二日、長州藩はいち早く西洋文明を吸収させようと、ひそかに五人の密航留学生を横浜からイギリス・ロンドンに送り込む。うち、井上（志道）・伊藤・山尾の三名はなんと焼き打ち事件の犯人だった。

龍馬と海舟の出会い

文久二年（一八六二）九月ころから一一月にかけて、坂本龍馬は江戸に滞在していた。この頃、龍馬は政事総裁職松平春嶽、軍艦奉行並勝海舟（麟太郎）、御側御用取次《おそばごようとりつぎ》大久保一翁（忠寛）らに相次いで会っている。いずれも攘夷実行は不可能だから大政奉還せよと唱えたり、海軍興隆を重視している開明派だ。なぜ会えたのか分からない部分もあるが、龍馬は他の尊攘を唱える「志士」とは、一線を画していたと見るべきだろう。

中でも海舟は、龍馬の人生に大きな影響を与える。文政六年（一八二三）、貧乏旗本の家に生まれた海舟は、苦学してオランダ語を習得した。ペリー来航時に出した海防の意見書で注目され、安政二年（一八五五）一〇月より四年間、長崎海軍伝習所でオランダ士官から直接学んだ。万延元年（一八六〇）には咸臨丸を操り太平洋を横断し、サンフランシスコに渡る。文久二年（一八六二）七月には軍艦総練所頭取を任され布衣、五百俵高となり、つづいて閏八月一七日には軍艦奉行並に昇格した。そして幕府が主導して日本の海軍を創ることや、海軍の人材育成を強く訴えていた。

志がいまひとつ定まっていなかった龍馬の関心は、海軍に傾き始める。高杉晋作も志したように、突如国際社会の中に放り出された日本にとり海軍の建設は急務だった。後年海舟は『氷《ひ》川清話《かわせいわ》』の中で、

「あの頃には、幕府も浪人も、口を揃へて海軍の必要を論じたけれども、しかし軍艦は、どうして製造するのか、金はどのくらゐ入用なのか、また乗組人はどんな事をするのか、一向だれにも分らないのサ」（『勝海舟全集・21』昭和四八年）

と語る。もちろん海軍の目的は国防で、これを学ぶのも尊攘運動の一端だった。海舟は日本の海軍がやがて朝鮮、中国の海軍と結び、アジアの連合艦隊となって西洋列強の脅威に立ち向かう構想を練っていた。

海舟の指示で奔走する龍馬

龍馬と海舟の出会いについては諸説ある。

「彼（龍馬）はおれを殺しに来た奴だが、なかなかの人物さ。その時おれは笑って受けたが、おちついてなんとなく冒《おか》しがたい威厳があって、よい男だったよ」

と、海舟は『氷川清話』で語る。龍馬が赤坂氷川下の屋敷に開明派の海舟を斬りに行き、逆に言いくるめられて門下になったという有名な逸話だ。にわかには信じ難い点もあるが、志が定まらず、故郷へも帰れない龍馬は案外殺気立っていたのかも知れない。

海舟は「旧染（旧弊?）御一洗」のため、近く予想される将軍家茂や幕府重職の上洛に蒸気船を用いるよう提唱した。そこでまず、老中格の小笠原長行《ながみち》（図書頭）が摂海警衛巡視を目的として一二月一七日、幕艦順動丸に乗って品川を出帆したが、これに海舟も同乗する。同じ頃門下の龍馬らも、上方を目指した。

順動丸は一二月二一日昼、兵庫に到着し、摂海の巡視を始めた。ただし将軍家茂の上洛は諸事情から陸路になったから、海舟は落胆したことだろう。

この間、龍馬は京都に走り情勢を探索して、兵庫の海舟に知らせている。海舟の日記に龍馬の名が初めて見えるのは、次の一二月二九日の条である。

「千葉十（重）太郎来る。同時坂下（本）龍馬来る。京師の事を聞く」

千葉は龍馬が修行した江戸の剣術道場の息子で、当時鳥取藩の周旋方を務めていた。つづく文久三年（一八六三）元日の条には、

「龍馬・昶《ちょう》次郎（近藤長次郎）・十（重）太郎ほか一人を大坂へ到らしめ、京師に帰す……昨夜、愚存草稿を龍馬子へ属し、或る貴家へ内呈す」

とあり、龍馬が海舟の指示を受け、周旋していた様子がうかがえる。海舟は龍馬に託し意見書を公家に届けたりして、朝廷の理解を得ようと懸命だった。

海軍力強化をはかる土佐藩は一月七日、望月亀弥太《もちつきかめやた》・千屋《ちや》寅之助・高松太郎に航海修業を命じたが、かれらも海舟の門をくぐった。高松は龍馬の甥（高松順蔵に嫁いだ長姉千鶴の長男）である。

龍馬にとって重要なのは二月二五日、脱藩の罪が赦免されたことだ。三月六日には正式に、藩から航海修業が命じられた。これは一月一五日、伊豆下田で山内容堂と会った海舟が願い出て、実現したものである。

将軍家茂の上洛

英国公使館を焼き払った高杉晋作は、江戸にしばらく留まった。文久三年（一八六三）一月一二日には、罪人として小塚原に埋められていた先師吉田松陰の遺骨を掘り出し、一六日に長州藩の火除地《ひよけち》である若林村（現在の世田谷区松陰神社）で改葬の式を行う（松本勇介「新出史料による吉田松陰改葬日の見直し」『日本歴史』二〇一八年六月号）。

この改葬は前年一一月二八日、長州藩が朝廷を通じて圧力をかけた結果、幕府がペリー来航以来の「国事犯」への大赦を出したため可能になった。幕府は条約調印や安政の大獄が誤りだったと、自ら認めたことになる。以後長州藩では藩校明倫館で松陰の著作を読ませるなど、その復権が急ピッチで進む。

将軍家茂は二月一三日、総勢三千人を従えて江戸を発ち、京都に上る。将軍上洛は三代家光以来、二二九年ぶりだ。幕府は攘夷実行を約束するかわり、朝廷に政令帰一を確認してもらいたい。そもそも混乱の元凶は、政令が朝廷・幕府の二カ所から発せられるようになったからである。だが、朝廷は攘夷励行は当然としても、国事に関しては今後も天皇から直接大名に直接命じることもあると返答した。

上洛の意味の大半を失った家茂だが、三月一一日には賀茂上下社への攘夷祈願行幸に供奉させられる。四月一一日から一二日にかけては石清水八幡社への行幸も行われたが、家茂は病と称して供奉しなかった。この時期、京都は過激な攘夷派の公家たちと結んだ長州藩が席巻しており、家茂をさんざん振り回す。家茂は四月一〇日、無理を承知で、攘夷の期限を五月一〇日にすると天皇に約束する。

晋作もまた、公家との応接役である学習院用掛を任じられた。だが辞退し、三月一五日、突如一〇年間の暇を申し出る。それが許されると翌一六日、頭を丸めて僧形となり「東行《とうぎょう》」と号した。

「西へ行く人をしたひて東行く　わが心をば神やしるらむ」

と詠んでいる。中世の西行法師のニヒルな生き方に憧れながらも、自分は東に行くとの意味だ。このあたりの晋作の真意は、実に分かりにくい。

剃髪した時、晋作は周布政之助から畳具足《たたみぐそく》を贈られた。その胴部分の裏布に晋作は「関東に赴き、この甲冑を着けて勤王の戦で討死する」との旨を書き付けている。これを見ると東に行くとは、いずれ幕府と武力で戦うとの決意表明であったとの解釈が出来よう。

長州藩はこれ以上、晋作を京都に置くのを危険視し、帰国を命じた。堀真五郎に連れられて大坂を船で発ったのが三月三〇日、萩に帰着したのは四月一〇日である。

法界坊のような頭の晋作は、城下ではさすがに目立ったのだろう。そこで、父の配慮により萩郊外松本村の奥に小さな家を借り、妻マサを連れて隠棲した。松本村は松陰が生まれ育った地で、団子岩と呼ばれる山の中腹には松陰の遺髪を埋めた墓が建てられていた。晋作は朝夕墓参し松陰の遺著を読みながら、静かに自分が必要とされる時が来るのを待っていた。

神戸海軍操練所

孝明天皇が日米修好通商条約に勅許を与えなかった理由のひとつは、兵庫を開港するにもかかわらず、納得のゆく摂海（現在の大阪湾）防御の対策が示されていなかったからである。幕府は天皇を安心させるためにも軍艦奉行並の勝海舟に指導させ、沿岸の西宮・和田岬（現在の神戸市兵庫区）・湊川（同前）などに砲台を築いたりした。

攘夷期限を五月一〇日と決めた将軍家茂は文久三年（一八六三）四月二三日、大坂天保山から順動丸に乗り、問題の摂海を視察した。案内役は海舟である。和田岬で休憩した家茂は次はボートで神戸に赴き、小野浜（現在の神戸市中央区）に上陸した。そこで海舟は家茂に神戸に海軍の人材養成所を設け、ゆくゆくは日本海軍の拠点とするといった計画を話す。

家茂は、ただちに海舟の案を採用した。孝明天皇に攘夷実行を約束した以上、許可せざるをえなかっただろう。こうして神戸の地に、海軍操練所の設置が決まる。トップダウンだから迅速で、翌日海舟は神戸海軍所取建掛を任ぜられた。

神戸海軍操練所の建設は、従来の幕府海軍である大坂船手組の所管として進められることになった。総坪数は一万七千一三〇坪で、海軍兵学校と海軍機関学校を兼ねる壮大な構想である。当時の兵庫は古くから西国街道（山陽道）の宿場として栄え、国内貿易の拠点だったが、東隣の神戸は数百の民家と十数棟の酒蔵が軒を並べる田舎に過ぎない。

海舟は、官立学校以外に海軍を教える私塾を開くことも許可された。このため五月、龍馬は海舟の使者として越前福井に赴き、松平春嶽に資金援助を依頼している。その額は一説によれば千両という。

この頃、越前藩は改革派の横井小楠や三岡八郎（由利公正《ゆりきみまさ》）らが主導して、藩を挙げて上洛し、分裂する国論を一本化する計画を進めていた。結局は実現しなかったが、龍馬は小楠や三岡とも会い、大いに触発されたようだ（三上一夫『幕末維新と松平春嶽』平成一六年）。

九月ころ、海舟は大坂から神戸に活動の拠点を移し、生田の森近くに九反の土地を求めて屋敷を建てた。ここに私塾を設けようというのだ。海舟は『氷川清話』の中で、次のように語っている。

「塾生の中には諸藩の浪人が多くて、薩摩のあばれものも沢山居たが、坂本龍馬がその塾頭であった」

私塾の塾生を、龍馬が塾頭として纏めていたのだ。

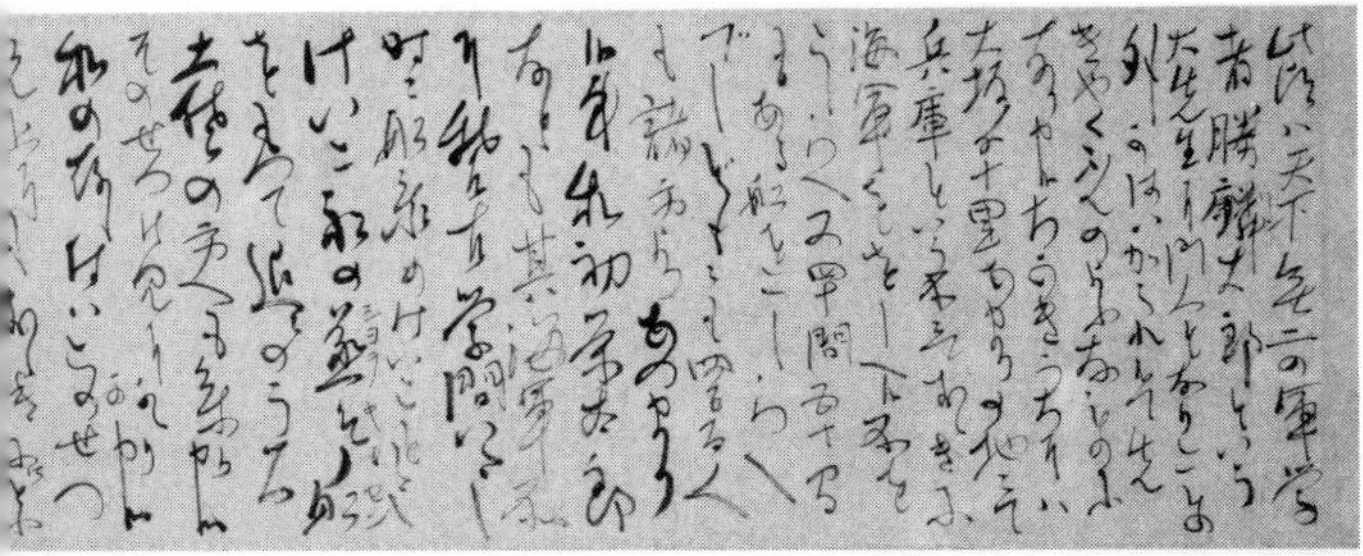

龍馬、姉乙女への手紙

一方の龍馬も海舟の知遇を得、頼りにされたことがよほど嬉しかったらしい。文久三年（一八六三）三月二〇日、故郷の姉乙女に近況を知らせる書簡を書く。文面から察すると前年四月に土佐を脱藩して以来、初めての便りのようである。

前半はこの一年間の苦労を次のように語る。

「扠《さて》も〱人間の一世はがてん（合点）の行かぬは元よりの事、うん（運）のわるいものはふろ（風呂）よりいでんとして、きんたまをつめわりて死ぬものあり。夫《それ》とくらべては私などは、うん（運）がつよくなにほど死ぬるば（場）へでてもしなれず、じぶんでしのふと思ふても又いきねばならん事になり、今にては日本第一の人物勝麟太郎殿という人にでし（弟子）になり、日々兼ねて思い付き所をせい（精）といたしおり申し候」

死にそうになったり、自殺も考えたが、結局は生き残り海

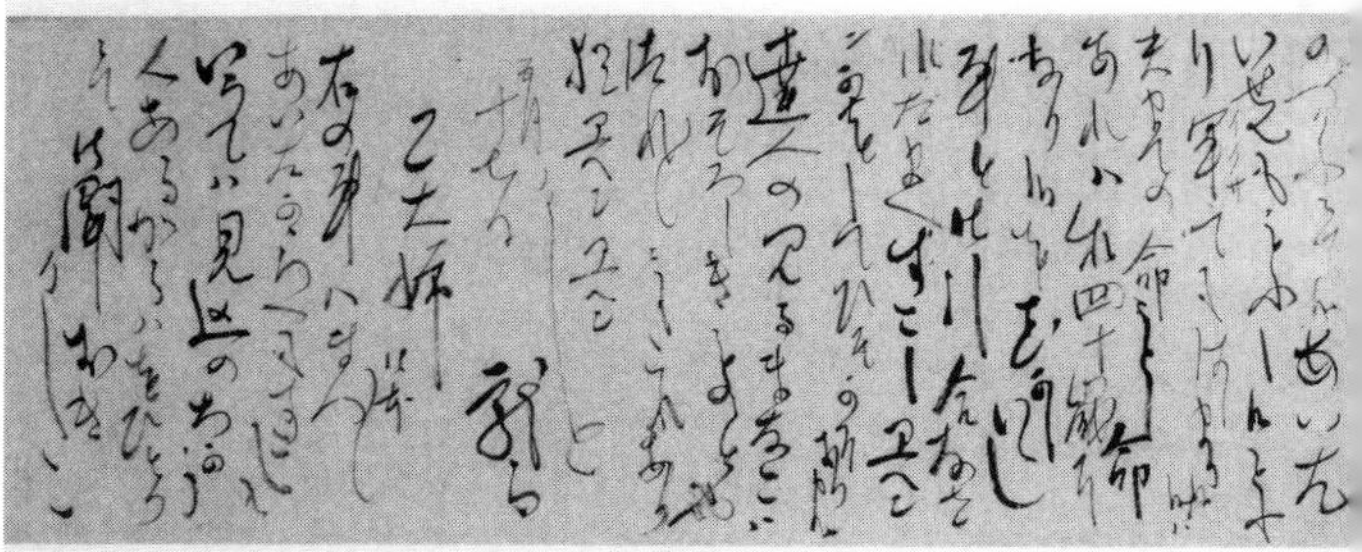

龍馬書簡、姉乙女宛て文久３年５月17日（宮内庁三の丸尚蔵館所蔵）

舟に師事していると言う。かねがね考えていたことに力を尽くしているとあるから、やはり龍馬には武市半平太らとは別の志があったと見るべきだろう。

手紙後半は四〇歳までは故郷に帰らないとか、臨時藩用で京都に来た兄権平に会ったが機嫌が良かったなどと知らせる。そして「国のため天下のためちから（力）お（を）つくしおり申し候」と、志が定まったことを喜んで欲しいと述べる。

つづいて資金援助のため越前へ赴く直前の五月一七日にも、龍馬は乙女に近況報告の書簡を書く。まず、海舟との関係につき、

「此の頃は天下無二の軍学者勝麟太郎という大先生に門人となり、ことの外《ほか》かはいがられ候て、先きやくぶん（客分）のようなものになり申し候」

と述べる。そして海軍操練所の構想を知らせ、そのために奔走中だと報告する。

「ちかきうちには大坂より十里あまりの地にて兵庫という所

にて、おおきに海軍ををしへ候所をこしらへ、又四十間、五十間もある船をこしらへ、でし（弟子）どもにも四、五百人も諸方よりあつまり候事」

さらに手紙の終わりの方では、海舟の眼鏡に適ったことを、これでもかと自慢する。

「すこしエヘンにかお（顔）してひそかにおり申し候。達人の見るまなこ（眼）はおそろしきものやと、つれづれにもこれあり。猶エヘン、エヘン」

いずれも親しい姉に対する、甘え丸出しの手紙である。とても江戸時代の武士の手紙とは思えないほど、現代人が読んでも楽しい。もっともこうした口語体の文になったのは、龍馬が正規の学問を習得する機会が無かったことを意味する。少年のころ近くの寺子屋に入門するも、他の寺子と喧嘩してすぐに退塾させられたとの逸話が残るくらいだ。

長州藩の外国艦砲撃

文久三年（一八六三）五月一〇日が攘夷期限に決まると、長州藩の動きが活発化する。四月一六日、藩主毛利慶親は日本海に面した萩を発ち、地の利を得た周防山口（現在の山口県山口市）に移った。以後ここが政事堂となり、藩政の拠点となってゆく。

草莽の長州代表である久坂玄瑞を藩は四月二二日、医業を廃し、平士に加えて大組に列することとした。有志の官僚化である。これで玄瑞も桂小五郎や高杉晋作と同じく、正式に政治に参加出来る地位を手に入れた。

攘夷期限が近づくと玄瑞とその同志三〇余名は、京都から帰国した。四月二六日、玄瑞は山口の政事堂に「攘夷の先鋒」になりたいからと、下関出張を願い出る。玄瑞は大組になったものの、同志の大半は大組の士たちから軽視されている卒と呼ばれる下級武士である。このため藩政府の中には反対する者もいたが、結局は攘夷を行うのに身分は関係無いとの理屈から、敵情視察の名目で下関行きが認められた（『防長回天史・四』）。官僚の中には、台頭して来た草莽に対する面白からぬ感情が存在していたことが分かる。

本州最西端の下関と九州門司《もじ》を隔てる関門海峡（馬関海峡）の幅は、狭いところではわずか数百メートルしかない。玄瑞はここを通航する外国艦はすべて仕留められると考えた。海峡が「狭隘《きょうあい》」なのは「神慮（神の意）」であると、藩政府に提出した戦略書で述べる。神国思想の影響を受ける玄瑞は、軍事力の不足分は神の力で補えると信じようとした。

下関は、すでに毛利能登を惣奉行とする六五〇人の兵が防御していた。それとは別に細江の光明寺を本拠とした玄瑞らは、後に「光明寺党」と呼ばれる。その中には入江九一・山県小輔（有朋）・瀧弥太郎・天野清三郎（渡辺蒿蔵）・赤祢幹之丞・元森熊次郎・岡千吉・堀平三郎・吉田栄太郎（稔麿）・藤村英熊（太郎）ら、後日奇兵隊の幹部となる者たちもいた。

五月一〇日がやって来ると、惣奉行の制止を聞かず、光明寺党は海峡に碇泊するアメリカの商船ペンブローグを、二三日にはフランス艦キャンシャンを、二六日にはオランダ艦メジューサを予告も無しに一方的に砲撃して気炎を上げる。

ところが六月一日にはアメリカ軍艦ワイオミングが、五日にはフランス軍艦セミラミスとタンクレードが来襲し、下関沿岸を砲撃したり長州の軍艦に甚大なダメージを与えた。上陸したフランス兵は下関の町を焼き払い、前田砲台を一時占領したりする。

近代火器の圧倒的な威力は、神慮ではどうにもならなかった。長州藩は「攻」から「守」に方針を一八〇度転換せざるを得なくなる。

日本をせんたく

戦後、龍馬は小説や映画、ドラマで民主主義の先駆けのような人物として評されて来た。そのため、天皇を絶対とする国体観に基づき活動していたことは、つい忘れがちである。だが、たとえば文久三年（一八六三）六月一六日、故郷の池内蔵太《くらた》の母に宛てた書簡に、

「此《こ》の数ならぬ我々なりと、何とぞして今上様《きんじょう》（孝明天皇）の御心をやすめたてまつらんとの事、御案内の通り、朝廷というものは国（故郷）よりも父母よりも大事にせんならんというはきまりものなり」

と、方言丸出しで国体論を述べる。学問を積み重ねてたどり着いた国体論というより、東奔

西走する中で身につけた国体論であろう。龍馬にとり天皇の御心を安らかにするとは、摂海防御の強化をめざして働く海舟をサポートすることである。そして、この国体論を「発見」したことで、龍馬の頭の中に新しいアイディアが生まれて来た。

問答無用で外国艦を砲撃する長州藩に対し、龍馬は必ずしも賛同していたわけではない。ただ、六月二九日、姉乙女宛て書簡には次のようにある。

「然るに誠になげくべき事は、ながと（長門）の国に軍《いくさ》初（始）まり、後月六度の戦いに日本甚だ利すくなく、あきれはてたる事は、其の長州でた〻かい（戦い）たる船を江戸でしふく（修復）いたし、又長州でた〻かい申し候。これ皆姦吏の夷人と内通いたし候ものにて候」

関門海峡で砲撃された外国艦を修復し、再び長州に向かわせたことに幕府役人が協力していると述べる。だから龍馬は二、三の大名（ひとつは越前藩だろう）の協力を取り付け、同志を募った上で、こうした役人（姦吏）を撲滅するのだと言う。国論の統一が急務の時に、わざわざ分裂を増長させるような役人に対し、激しく憤るのだ。さらに書簡には、

「朝廷より先づ神州をたもつの大本《おおもと》をたて……右申す所の姦吏を一事に軍《いくさ》いたし打ち殺し、日本を今一度せんたく（洗濯）いたし申し候事にいたすべきとの神願にて候」

と述べられている。龍馬の書簡中最も有名な「日本を今一度せんたく」というフレーズはかなり荒っぽい表現として、ここに出て来る。では「せんたく」とは何か。

龍馬は将軍家茂が天皇に無断で江戸に帰ったことで、中央政権を放棄したと認識した。だから京都に新しい「大本」、中央政権を樹立せねばならず、神戸海軍操練所の総督も朝廷が任命する新しい海軍を構想していた。それを朝廷に建白することも考えていたが、間もなく八月一八日の政変が起こるので、うやむやになった感がある。海舟は日本の海軍は「幕府機関」であることが大前提だったから、「このとき龍馬は麟太郎（海舟）よりも一歩か数歩、先に出たのである」（松浦玲『坂本龍馬』平成二〇年）と評される。新しい権力である天皇との直結を望むのは、草莽の大きな特徴である。そのような経緯を考えた上で先の龍馬の「国体論」を読み直すと、天皇を主権者として日本を再建する道を進もうとしていたことが分かる。

奇兵隊結成

上海で西洋列強の圧倒的な軍事力を実見して来た晋作は「神慮」で攘夷を実行するのが、どれだけ危険であるか知っている。官僚の宍戸九郎兵衛や周布政之助が考える、開国のための攘夷も危険であろう。一見現実的な戦略のようだが、勝てば良いが、敗れた場合はより悪い条件での条約改正となる。後年伊藤博文は、

「当時の攘夷論は全く精神から出たので、政略から出たものではなかった。その頃、政略的のことをやると、精神がないとか何とか云って、それこそ、斬られてしまふ」（『伊藤公全集・

三』昭和二年）

と語っているが、長州藩はもう理屈が通用するような雰囲気では無くなっていた。だから晋作は一線を退き、下関での外国艦砲撃に参加しなかった。

文久三年（一八六三）六月に入り、下関における敗報を続けて聞いた藩主父子は激怒し、萩に隠棲中の晋作を山口に呼び寄せる。御前で意見を求められた晋作は、こんなふうに答えたという。

「願わくば馬関のことは臣に任ぜよ。臣に一策あり、請う、有志の士を募り一隊を創立し、名付けて奇兵隊といわん」（『奇兵隊日記』）

「正兵」に対し、神出鬼没の働きをする「奇兵」を設けるのだという。外国軍に上陸されたら、脇や背後からもゲリラ戦法で立ち向かうしか、当座の解決策は無いと考えたのだ。

藩主父子は晋作の意見を採用し、即座に下関防御を一任した。一〇年の暇はわずか三カ月ほどで破られた。晋作は下関に向かい、六月六日深夜、竹崎の商人白石正一郎の邸宅を訪ねる。そして、ここを本拠に「奇兵隊」を結成してゆく。

ちなみに白石はよく言われるような「豪商」でも、奇兵隊の「スポンサー」でもない。長州支藩の清末《きよすえ》藩（毛利家一万石）御用商人で、北前船交易にも参加出来ない、言わば弱小商人である。だからこそ薩摩藩との藍玉《あいだま》交易を企画したりと、つねにビジネスチャンスを求めて情報を収集していた。また、趣味で国学を学ぶ教養人だったから、「志士」たちがその邸宅に集まって来たのである。

晋作が構想する奇兵隊とは「有志の集まり」で、「藩士、陪臣、軽卒」が「同様に交わり、もっぱら力量を重視」する。「隊法については西洋流・和流」を問わないが、「有志者は軽卒（足軽や中間）以下に多くござ候」と認める（「奇兵隊結成綱領」）。

藩は二七日、晋作を正式に奇兵隊総管（総督）とした。晋作が考えたのは長州藩の全人口の一割を占める武士階級の中に、横軸を貫かせることである。草莽のエネルギーを利用し、外敵を撃退するのだ。この頃玄瑞は京都に出張中だったが、光明寺党の主要メンバーが、そのまま奇兵隊の初期幹部になった。六月一〇日の白石の日記には「奇兵隊およそ六十人余」とある。

その後どこまで晋作の意図かははっきりしないが、奇兵隊には民衆が加わり、やがて士五割、農四割、その他一割という構成の画期的な軍隊となってゆく。そして藩内各地で遊撃隊・八幡《やはた》隊・御楯《みたて》隊など官民一丸となった軍隊が幕末の数年間でのべ四〇〇隊も生まれた。これらを総称して諸隊と呼ぶ。

第5章　政変

暴走する長州藩

文久三年（一八六三）七月一日、期限通りに攘夷を実行した長州藩に、朝廷は褒勅《ほうちょく》を下した。天皇権威を背景とした長州藩の暴走は、止まるところを知らない。奇兵隊は外国艦砲撃に非協力的との理由から、下関の対岸で小倉藩領の田野浦・和布刈《めかり》を占領し、砲台を築く。あるいは幕府の詰問使が乗って来た軍艦朝陽丸を拿捕《だほ》し、使者の旗本中根市之丞を暗殺した。同じ頃、薩摩藩は生麦事件の賠償問題がこじれてイギリス艦隊と鹿児島で干戈を交えており（薩英戦争）、すでに西日本の雄藩は、幕府の制御が効かない独立した勢力になりつつある。

この間、晋作が責任者を務める下関防御の陣営内でも、時代を象徴するような荒々しい事件が起こった。晋作は奇兵隊結成と同時に、藩の正規軍である先鋒隊に精鋭百人を選んで再編成した。だが、れっきとした藩士から成る先鋒隊は、烏合の衆の奇兵隊とは仲が悪い。ささいな意地の張り合いが発端で、八月一六日夜、激昂した奇兵隊士が先鋒隊宿舎の教法寺を襲撃し、病気で寝込んでいた先鋒隊士蔵田幾之進を斬殺する。

私怨による内ゲバで、死者まで出したのだ。両隊を統括出来なかった晋作の責任は重い。晋作は切腹を覚悟し、萩にいる妻マサに遺言を書く。自分が死んだら再婚せずに家を守り、自分の供養をせよと諭す。末尾には、死んでもそもじをのことを忘れないとの殺し文句も添える。

外国艦砲撃の舞台となった関門海峡（下関側から）

結局、藩は人材である晋作を切腹させなかった。事件の発端を作った奇兵隊の宮城彦助が八月二七日、藩命により切腹して一応の決着がつく。晋作は政務座と奇兵隊総督を兼務していたが、事件の責任を問われて政務座を解任され、奇兵隊総督専任になった。

八月一八日の政変

下関で奇兵隊と先鋒隊が争った二日後の文久三年（一八六三）八月一八日、京都御所内で政変が起こる。

八月一三日、攘夷親征として大和行幸の詔《みことのり》が出た。画策したのは長州藩など急進的な尊攘派と結び付いた国事参与の公卿三条実美たちだ。これにより幕府打倒、王政復古の気運を生み出そうとした。ところが、このような暴走を一番危惧していたのは天皇自身である。天皇の思いは中川宮朝彦親王（青蓮院宮《しょうれんいんのみや》）を通じて薩摩藩、そして京都守護職会津藩に伝わってゆく。

こうして会津・薩摩藩などが警護する深夜の御所内で、八月一八日の政変が起こった。その結果、堺町御門警護を解任された長州藩兵は、尊攘派の三条実美・三条西季知《すえとも》・東久世《ひがしくぜ》通禧《みちとみ》・壬生《みぶ》基修《もとおき》・四条隆謌《たかうた》・錦小路頼徳《よりのり》・沢宣嘉《さわのぶよし》の七卿を護衛して藩地に向かう（七卿落ち）。勝手に京都を脱した七卿には、官位剥奪の処分が下った。

政変の報が届くや、長州藩政府は大混乱に陥る。それまで急進的な攘夷を唱えていた「正義派」は失政を責められて地位を失い、かわりに椋梨藤太ら「俗論派」が台頭した。「正義派」「俗論派」は江戸後期、天保の改革をめぐる対立に始まるとされる。急進的改革を進めようとする村田清風らはみずからを「正義」とし、ゆるやかな改革を進めようとする坪井九右衛門らを「俗論」と蔑んだ。

もっとも、今日では正義・俗論の呼称は「明治維新」という結果から見たもので、歴史用語としては適当ではないとされる。それでも、たとえば「正義派」を「革新」「抗幕」、「俗論派」を「保守」「佐幕」などと呼ぶのも必ずしも正確とは思えず、私は抵抗がある。このため括弧付きで正義・俗論と呼びたいが、これは一定の価値観に寄り添ったものではないことをお断りしておく。

晋作の逆襲

政変直後「俗論派」が台頭したが、奇兵隊総督高杉晋作が武力を背景として山口に乗り込み、局面が変わる。藩主父子の心が動き、文久三年（一八六三）九月九日から一〇日にかけて「俗論派」の飯田猪之助ら一〇余名が徒党強訴の罪で逼塞《ひっそく》させられ、椋梨藤太が隠居に追い込まれた。かわりに失脚していた「正義派」の毛利登人《のぼる》・前田孫右衛門・周布政之助らが藩政府に復帰し、要職の座を占める。新しい藩政府は七卿と藩主父子の復権を目指す。

晋作は九月一〇日、奇兵隊総督を辞して藩政の中枢に位置する、政務座役に就く。晋作の奇兵隊総督はわずか三カ月足らずで終わった。後任は河上弥市と瀧弥太郎である。つづいて渡辺内蔵太・楢崎弥八郎・久坂玄瑞（義助《よしすけ》）が政務座、在京の大和弥八郎が直目付となった。渡辺・玄瑞・大和は前年一二月、晋作とともに英国公使館を焼打ちした同志である。

一〇月一日、晋作は御手廻組に加えられ、藩政を実質切り盛りする奥番頭に就き、大組に加えられて新知百六〇石を給せられることになった。藩主からも「東一《とういち》」の名を貰うという異例の大出世である。

なおこの間、急進的な草莽による挙兵が二件あった。ひとつは公卿中山忠光を擁して大和行幸の先鋒になるため八月一七日、五條代官所（現在の奈良県五條市）を襲撃した天誅《てんちゅう》組だが、政変により「賊徒」となり、追討軍と戦った末、東吉野の山中で壊滅する。

いまひとつは天誅組を救援しようと一〇月一二日、七卿のひとり沢宣嘉を擁し、但馬生野《いくの》（現在の兵庫県朝来市）の代官所を地元の農兵を使い占領した筑前浪士平野国臣《くにおみ》らの一派である。これには長州を脱した河上弥市（変名・南八郎）ら九名の奇兵隊士も加わっていた。だが、追討軍が迫るや戦わずして瓦解した。逃げ場を失った河上は高札に、

「議論より実を行へなまけ武士　国の大事を余所《よそ》に見る馬鹿　皇国草莽臣南八郎（花押）」

と大書し、無念の思いを噛み締めて自決する。いずれも草莽の力だけではまだ幕府という巨大権力は動かせなかったという、残酷な実験でもあった。

龍馬、ふたたび脱藩

文久三年（一八六三）六月、青蓮院宮から令旨を貰い、その権威で土佐藩政の改革を画策した勤王党の平井収二郎・間崎哲馬・弘瀬健太が土佐で切腹させられた。そもそも土佐藩前藩主山内容堂は、草莽の政治活動を面白く思っていない。つづいて八月一八日の政変の影響が土佐にも及び、勤王党への弾圧が始まる。

危機を察した中岡慎太郎・松山深蔵・上岡胆治・田所壮輔らは相次いで脱藩し（「海舟日記」によれば二〇人）、多くは長州藩に逃れて三田尻で七卿の護衛を務めた。このように故郷土佐を

追われた草莽が浪士となり、長州・薩摩などに潜り込んだことが、後に薩長を結びつけ、時代の波に乗り遅れつつあった土佐藩を救うことになった。

九月二一日には武市半平太や島村衛吉・田内恵吉ら数名が土佐で捕らえられ、投獄される。武市は一年半後の慶応元年（一八六五）閏五月一一日、三七歳で切腹させられることになった。

海舟のもとで航海修業中の龍馬ら土佐藩の修業生数名も、帰国を命じられた。海舟は土佐藩に帰国命令の猶予を願い出したが、応じてもらえない。これで龍馬は、再び脱藩の身になった。

長崎出張の幕命を受けた海舟は龍馬ら一四名の門下生を率い、元治元年（一八六四）二月一四日、神戸を発つ。目的はフランス軍艦の下関攻撃を阻止する交渉と、対馬に渡り朝鮮の情報を収集することだった。オランダは二カ月の猶予を約束したが（結局役に立たなかったが）、対馬行きは中止となる。また、長州藩から派遣されていた小田村文助（楫取素彦）・玉木彦助にも会い、攘夷一辺倒の態度にも警鐘を鳴らした。

海舟の長崎は二カ月ほどだったが、この間龍馬に熊本の横井小楠を訪問させている。小楠は既製の概念に囚われない新しい海軍を構想しており、「海軍問答書」にまとめて海舟に届けた（松浦玲『坂本龍馬』平成二〇年）。

晋作、投獄される

文久三年（一八六三）八月一八日の政変直後、長州藩主はみずから孝明天皇の前で無実を訴えたいと願ったが、使者根来上総《ねごろかずさ》の入京すら認められない。つづいて藩主世子の上京が決まり、重臣井原主計《いはらかずえ》が弁明書の「奉勅始末」を携えて京都に向かったが、やはり入京出来ない。京都守護職松平容保《かたもり》が長州復権を危険視し、強く反対していたのである。

長州藩内では久留米脱藩の真木和泉《まきいずみ》の影響もあり、武力を背景に嘆願して失地回復を遂げようとする進発論が盛んになった。元治元年（一八六四）一月二四日、晋作は藩主父子の内命を受け、進発論の急先鋒である遊撃軍総督の来島又兵衛《きじままたべえ》を慰撫するため、周防宮市に赴く。だが、来島は晋作の説得に応じなかった。

晋作は京都の情勢を探り、あらためて来島を説こうと二八日、富海（現在の防府市）から海路上方へ向かう。ところが藩は、晋作が復命を怠って脱藩したとみなした。京都藩邸に潜居した晋作は荒《すさ》んだあげく、土佐浪士の中岡慎太郎らと共に島津久光を斬るなどと言い出す。

三月一九日、周囲から諭され萩に帰った晋作はひとまず親類預けとなり、二九日には城下の野山獄に投ぜられる。新知一六〇石はもちろん、すべての地位も拝領品も「東一」の名も奪われるという厳しい処分だった（かわりに「和助」と名乗る）。その日晋作は、

「先生を慕うてようやく野山獄」

と詠み、かつて二度野山獄に投ぜられた先師松陰を偲んだ。それから獄中で読書と詩作に明け暮れ、八〇日余りを過ごす（『投獄文記』）。

五月五日には酒に酔った周布政之助が野山獄に馬で乗りつけ、晋作の名を叫んだ。このため周布は政事堂御内用の職を解かれ、閑居の身となる。晋作や周布らが藩政から去り、過激な進発論に拍車がかかった。

龍馬と新天地開拓

神戸に帰った勝海舟は元治元年（一八六四）五月一四日、軍艦奉行となり、安房守《あわのかみ》を称した。同時に大坂の幕府海軍だった船手組が廃止され、神戸海軍操練所設立が公布された。それによると関西方面に住む幕府旗本や御家人の子弟はもちろん、四国・九州あたりの大名の家来までが募集の対象になっている。

西日本に限ったのは、いずれ東日本にも同じような施設をつくるつもりだったからという。応募者は四〇〇人にも達し、七月一八日には佐賀藩に貸していた観光丸が帰って来たので、実習艦として使っている。

海舟は在大坂の若年寄稲葉正巳に黒木小太郎（鳥取浪士）・高松太郎・近藤長次郎・新宮馬

之助ら塾生一二名は自分の家来であり、借雇いの乗組員として一カ月一両一分の手当を支給すると届け出た。浪士の身では官立学校の入学資格がなかったから、このように保護してやったのである。

また、龍馬は過激なエネルギーを持て余す浪士たち（その数は「海舟日記」によれば「数十人」とも「弐百人」とも）を集めて黒竜丸に乗せ、神戸から蝦夷地（北海道）に送り込もうと計画していた。浪士たちに開拓や北方防備、通商を行わせるのである。三、四千両という相当な資金も、見当がついていたという。

同行するつもりだった龍馬の妻りょうの回顧談によると、手帳に「北海道の言葉（アイヌ語か）」を書き付けて稽古していたという。または望月亀弥太が、蝦夷に逃れたとの伝説がある源義経にちなみ、笹竜桐《ささりんどう》を染め抜いた幕を用意していたともある。

この時龍馬の蝦夷行きは実現しなかったが、新天地開拓というは希望は持ち続けた。後に隊長を務める海援隊の目的にも「開拓」を掲げ、朝鮮半島から約一三〇キロメートル沖合に位置する竹島（現在の鬱陵島《うつりょうとう》）に着目している。その際、

「小弟はヱゾに渡らせし頃より、新国を開き候は積年の思ひ、一世の思ひ出に候間、何卒一人でなりともやり付け申すべくと存じ居り申し候」

とも述べる（慶応三年〈一八六七〉三月六日、印藤聿《いんどうのぶる》宛て龍馬書簡）。竹島は江戸時代、日本・

朝鮮間でその帰属をめぐり意見が対立したが、幕府は元禄四年（一六九一）一月、朝鮮との友好関係を尊重して渡海を禁じていた。だが、幕末になると長州の吉田松陰などが竹島を大陸への国威拡大の足場とし、日本の防衛線を築こうとの考えが生じていた。

エスカレートする玄瑞

長州藩など急進的な尊攘派勢力が追放された後の京都政局は島津久光・一橋慶喜・松平春嶽・山内容堂・伊達宗城《むねなり》ら雄藩の大名が京都に集まり、朝廷の参与に任ぜられて「参与会議」を始めた。ここでの合議の結果を天皇が裁可し、幕府が実行するシステムを築こうというのである。ところが横浜鎖港と長州対策をめぐり久光らは幕府側の慶喜と対立し、元治元年（一八六四）三月ころに会議は分裂してしまった。

それまで慎重だった久坂玄瑞は、京都政局の空洞化を長州藩と七卿復権の好機と見て、世子進発を促す。玄瑞が四月一六日、進発に慎重な桂小五郎に宛てた書簡には、復権して攘夷を実行する意味が次のように述べられている。

「攘夷の儀については始めより成算のある事にてはこれ無く、国体の立つ、立たざる、大義の欠、不闕とにこそあれば、今更一点も動揺ありては相叶《かな》わずは勿論に候」

成算よりも「国体」「大義」が大切と言う。かつて玄瑞は武市半平太宛て書簡でも、攘夷実

錦絵に描かれた久坂玄瑞（著者蔵）

行のためなら藩が滅んでも構わないと述べていたように、観念論に走りやすい。

同じころ京都からの帰途、玄瑞は旧知の儒者阪谷朗廬《さかたにろうろ》を備中に訪ねている。開国を是とする阪谷は、無謀な攘夷を行ったすえ、国際社会の中で非難されたら、かえって「王（天皇）」が野蛮のレッテルを貼られると、玄瑞の唱える「尊王攘夷」の矛盾点を突く。

「今日時勢公道に開港あるに、開港は則ち王を尊ぶ所以なり」

と、「開国」と「尊王」がつながるとも説いた。だが、玄瑞は何も答えなかったと阪谷は後年回顧する（『明六雑誌・四三号』明治八年）。もっとも、阪谷と玄瑞の議論を隣室から盗み見していた阪谷の門人によれば玄瑞は憤慨し、

「先生は先生の信ずる所を為せ、僕は僕の信ずる所を為《な》さん。論の勝敗は他日の世変を以て之を證せん」

と主張したともいうが、すでに冷静さを失っていた。

禁門の変へ

一方、京都進発に慎重だったのは晋作・周布・桂、そして玄瑞ら草莽を引き立てて来た宍戸九郎兵衛らである。かれらは志士的側面を強く持っているが、根は「官僚」である。官僚は現実的で、藩という組織を守ることを第一とする。「大義」のためなら藩を潰しても構わないとは、なかなか考えない。ここに来て、宍戸も玄瑞と激しく対立する。

だが、草莽に引きずられ、進発に傾く勢いは押さえ切れなくなってゆく。元治元年（一八六四）六月四日、ついに藩主は世子に兵を率いて上京するよう命じた。五日には京都で池田屋事件が起こる。京都守護職松平容保支配下の新撰組が、長州系「志士」の会合に斬り込み、多数を殺傷したのだ。その中には吉田稔麿（栄太郎）や肥後の宮部鼎蔵、土佐の北添佶磨《きたぞえきつま》・望月亀弥太も含まれており、進発の火に油を注ぐ。

こうして来島又兵衛率いる遊撃軍、久坂玄瑞・真木和泉率いる諸隊、益田右衛門介・福原越後・国司信濃の三家老率いる軍勢などが続々と京都を目指す。孝明天皇は退却、帰藩を命じたが、七月一九日、長州軍は世子の到着を待たずに三方から御所を目指す。そして御所を護る会津・薩摩などの軍勢と激突した。これを「禁門の変」とか「蛤御門の変」と呼ぶ。

長州軍は約二百人が戦死し、遺体を戦場に放置したまま敗走した。来島・入江九一は戦死し、玄瑞・寺島忠三郎は自刃、真木も天王山まで退却して自刃した。桂小五郎は京都を脱出して、但馬（現在の兵庫県北部）に潜伏する。ここに奉勅攘夷の藩是決定以来、草莽志士に引きずり回された長州藩は一度崩壊し、つづいて官僚志士の時代に入ってゆく。

晋作は六月二一日に野山獄を出たものの、「禁門の変」の頃はまだ座敷牢の中だった。確かな情報が届かないが、毎夜玄瑞のことを夢に見ると杉梅太郎宛て書簡で知らせている。失脚していなければ、晋作も戦場に屍を晒していたかもしれない。井上聞多（馨）が、ひそかに訪ねて来たこともあった。井上は長州藩が外国から報復されると知り、伊藤俊輔とともに留学を打ち切ってロンドンから帰国したのである。

四カ国連合艦隊下関襲撃

京都で敗れた長州藩に、次は英米仏蘭の四カ国連合艦隊一七隻が襲いかかる。前年の外国艦砲撃で関門海峡を封鎖され、貿易の不利益を被った四カ国の公使は申し合わせ、長州藩に対して軍事行動に出ることを決めた。一方、長州側は彦島から長府にかけての一五キロメートルに及ぶ海岸線に、一四の砲台を築き、総計一一七門の大砲を配している。

元治元年（一八六四）八月五日午後二時、連合艦隊は関門海峡に進み、四時過ぎから下関への砲撃を開始した。初陣となる奇兵隊（この頃総督は赤祢《あかね》武人《たけと》）は圧倒的な西洋火器相手に、前田と壇ノ浦の砲台で多くの死傷者を出しながら奮戦したが、及ばなかった。砲台は初日に沈黙させられ、翌日には敵の上陸も許してしまう。敗れた長州藩は、またも晋作に頼らざるをえなかった。

晋作は四日に突然座敷牢から出され、御手当方御用掛となって、山口に呼ばれていた。六日には御手廻組に加えられて政務座役となり、連合艦隊との講和談判を命じられる。

談判は三度行われた。一度目の八日は晋作が家老の養子宍戸《ししど》刑馬《ぎょうま》と名乗り、萌黄《もえぎ》色《いろ》の直垂《ひたたれ》に烏帽子《えぼし》姿という正装で、連合艦隊の旗艦ユーリアラスに乗り込んでゆく。この時の様子を、英国の通訳官アーネスト・サトウは次のように語る。

「使者は、艦上に足を踏み入れた時には悪魔のように傲然としていたのだが、だんだん態度がやわらぎ、すべての提案を何の反対もなく承認してしまった」（『一外交官の見た明治維新・上』昭和三五年）

晋作は外国艦砲撃が朝廷と幕府の命によるなどと説明したが、イギリスのキューパー提督らは書類の不備を認めなかった。藩主が署名捺印した和睦書もなかったため、結局この日の談判は四八時間の休戦を決めて終わる。二度目は一〇日に行われたが、晋作は出席していない。講和反対派に生命を狙われ、有帆《ありほ》村（現在の山陽小野田市）の農家に伊藤俊輔とともに潜伏したのである。

三度目は一四日で、長州側からは晋作の他に宍戸備前・毛利出雲・井原主計・前田孫右衛門・山田宇右衛門・楢崎弥八郎・渡辺内蔵太・波多野金吾・井上聞多・伊藤俊輔といったそうそうたるメンバーが出席した。

結局外国艦の関門海峡通航を認めること、砲台を新築修復しないこと、下関で薪水や石炭の補給を許すことなどが決まる。しかし長州藩は賠償金三〇〇万ドルの支払いは拒否した。列強側は賠償金を幕府に請求し、難航する兵庫開港などの外交カードとして使おうとする。こうして長州藩は、多大な犠牲を払いながら力任せの攘夷は不可能だと悟った。

海軍操練所閉鎖

「禁門の変」後、幕府方の浪人狩りは厳しくなり、神戸の海軍操練所にも疑いの目が向けられるようになる。

海舟の私塾で学んだ望月亀弥太は、池田屋事件に斃れた。やはり塾生の安岡金馬《かねま》は禁門の変では長州軍の忠勇隊に加わり、戦った。安岡は戦争前、塾から測量器を持ち出したが、安岡から決意を打ち明けられた海舟は、白地の筒袖を与えて送り出したという（『坂本龍馬　海援隊始末記』）。

こうした「不穏分子」を抱えていたせいで、海舟の立場は幕府内で悪化する。元治元年（一八六四）九月、幕府は海舟門下の姓名、出身を内偵した。さらに冬に備えて毛布を買い入れたことで、長州人を匿っているとの嫌疑を受ける。一〇月二二日、江戸召還を命じられた海舟は、京都から早駕籠で帰府の途に就く。江戸到着は一一月二日で、同月一〇日に軍艦奉行を罷免され、赤坂氷川の屋敷で閑居することになった。

庇護者を失った龍馬らに素早く救いの手を差し伸べたのは、上方における薩摩藩の実力者である西郷隆盛と小松帯刀だった。

西郷隆盛は文政一〇年（一八二七）生まれ。安政元年（一八五四）、藩主島津斉彬に見出されて側近となり、将軍嗣継に一橋慶喜を擁立すべく京都・江戸を往復した。斉彬没後は、藩の実権を握る国父の島津久光と折り合いが悪かったが、禁門の変前に沖永良部島から呼び戻された。この時期は側役となり、上方における薩摩藩を代表する存在になっている。ある時龍馬は西郷を、

「少しく叩けば少しく響き、大きく叩けば大きく響く。もし馬鹿なら大きな馬鹿で、利口なら大きな利口だろう」

と評したという（『氷川清話』）。一方の小松帯刀は龍馬と同じ天保六年（一八三五）の生まれ。文久元年（一八六一）一月には長崎に出張して、操艦などの軍事技術を習得した。同年五月に国父島津久光が国事周旋を決意して以来、その側近として公武間を奔走し、家老にあげられる。

西郷と小松は申し合わせ、龍馬らを大坂の薩摩藩邸に潜伏させた。まだ海舟の罷免を知らない一一月二六日、大久保利通宛て小松書簡には、この間の経緯を次のように説明する。

「神戸勝方え罷り居り候土州人、異船借用いたし航海の企てこれ有り、坂元（本）竜馬と申す人関東え罷り下り借り入れの都合（交渉）いたし候ところ、能く談判も相付き候よし……余計の事ながら右辺浪人躰の者を以て、航海の手先に召し仕い候法は宜しきべしと西郷抔滞京中談判もいたし置き候間、大坂御屋敷え内々潜《ひそ》め置き申し候」

薩摩藩は前年七月の薩英戦争の経験から、海軍力強化が急務だと痛感していた。また、前年一二月二四日には幕府から借用中の蒸気船長崎丸が関門海峡を通航中に下関から砲撃され、乗組員二八名が溺死して操船技術者を大量に失っていた。だから「航海の手先」として、海舟の教えを受けた龍馬らが必要だったのである。

なお、熱心な指導者を失った神戸海軍操練所は慶応元年三月をもって閉鎖された。海舟の「一大共有の海局」の構想は、一旦頓挫する。

長州征討

孝明天皇は元治元年（一八六四）七月二三日、長州征討を幕府に命じた。幕府は二四日、西国諸藩に長州征討を号令する。つづく八月二二日、朝廷は長州藩主父子から官位を奪い、朝敵の烙印を押す。幕府は藩主父子から松平姓と偏諱《へんき》（将軍から与えられた一文字）を奪う。これにより慶親は敬親、定広は広封（のち元徳）となった。

将軍家茂の進発が布告され、征長総督には尾張前藩主徳川慶勝、副総督には越前藩主松平茂昭《もちあき》が就任する。広島に本営が置かれ、副総督は九州小倉に陣を設けた。

一方、長州藩内では大きな政権交代が起こる。征討軍に対し「武備恭順」を主張する「正義派」が斥けられ、「絶対恭順」の「俗論派」が台頭した。九月二五日夜には御前会議で「武備恭順」を説いた井上聞多が帰宅途中、山口湯田で襲撃されて重傷を負う。同夜には追い詰められた周布政之助が山口矢原の寓居で自決した（命日は二六日）。

晋作も一〇月一七日、政務座などの役職を解かれ、萩に引きこもる。ただしこの間、父になる喜びも味わった。同月五日、マサが男児を出産したのである。嫡男晋作がずっと気にかけていたのは、血脈を残すことだった。子は梅之進と名付けられた。

「俗論派」は、「正義派」の主要人物を投獄する。危機を察した晋作は一〇月二四日夜、変装して萩城下を脱出した。それから山口や徳地（現在の山口市）の奇兵隊陣営を経て、下関へ出た。

晋作は下関で出会った筑前の脱藩浪士中村円太（野唯人《のただと》）に勧められるまま一一月一日夕方、海路九州へと向かう。この時「谷梅之助」と変名したのは息子への思いと、梅が百花に先駆けて咲く花だったからだろう。筑前博多に至ったのは同月四日である。

征長軍の総攻撃の予定日は、一一月一八日だった。長州藩は京都進発の責を益田・福原・国司の三家老に負わせ一一月一一日から一二日にかけて切腹させ、宍戸九郎兵衛ら四参謀を野山獄で斬る。

これにより長州藩の恭順を認めた征長総督は攻撃を猶予し、藩主自筆の待罪書の提出、五卿（七卿は沢宣嘉が脱走、錦小路頼徳が病死して五人になっていた）の九州移転、山口城の破却の三カ条の実行を求めた。

晋作の九州亡命

九州に渡った高杉晋作は、長州征討に批判的とされる福岡藩や佐賀藩を頼ろうとした。対馬藩の飛び地である肥前田代《たしろ》（現在の佐賀県鳥栖市）まで赴き、佐賀藩主鍋島直正（閑叟《かんそう》）に、日本をおおう「妖霧」を払うのは鍋島だと期待する詩を贈ったりするが、反応は無かった。そもそも佐賀や福岡藩は幕府の独裁的なやり方に対し不満だったのであり、長州藩への共感や同情ではないことが分かってくる。

晋作が福岡に戻ったのは、元治元年（一八六四）一一月一〇日頃だった。つづいて福岡藩士月形洗蔵らの世話で、城下から数キロ離れた平尾山荘で隠棲する野村望東《ぼうとう》のもとに約二週間潜伏する。望東は当時五九歳、福岡藩士の未亡人で大隈言道《おおくまことみち》門下の歌人でもあり、古典文学に親しみ、勤王の志があつかった。

一一月一四日、晋作は長州にいる従弟で義弟の高杉百合三郎（南貞助）宛て書簡で、突然長州から脱走したことにつき、「幽囚致され候てはとても尽力の目程これ無く候につき、やむを得ず無情の一処置つかまつり候」と弁明する。また、生まれたばかりの長男梅之進を、「勤王の士」に育てて欲しいと妻マサへ伝えてくれるよう頼む。やがて三家老、四参謀処刑の知らせが届き、晋作は帰国を決意した。

なお、江島茂逸『高杉晋作伝入筑始末』（明治二六年）などでは、福岡藩士が周旋して平尾山荘において晋作と西郷隆盛をひそかに会談させ、これが「薩長和解」の発端になったとする。だがこの時期、西郷は岩国や広島で奔走しており、福岡に来て晋作に会うのは物理的に難しそうだ。維新後、薩長中心の政府から冷遇された福岡人による創作と見ていいだろう。後日下関で晋作と西郷が会見したとの話もあるが、これも裏付ける確かな史料が無い。晋作は生涯、西郷に会うことはなかったのではないか。

西郷隆盛と中岡慎太郎

元治元年（一八六四）九月一五日、大坂で初めて会った勝海舟から幕府内部の腐敗を暴露された西郷隆盛は、ここで感情に任せて長州藩を潰せば幕府独裁が強化されるだけだと気づく。

有志大名による連合政権は、亡き島津斉彬の悲願でもあった。征長軍総督徳川慶勝は一〇月二二日、大坂で軍議を開いたが、その席で西郷は「長人を以て長人を制するの策」を唱え、受け入れられる。

征長総督が出した解兵の三条件のうち、最も難航したのは五卿の遷座だった。奇兵隊・御楯隊・八幡隊・遊撃隊・南園《なんえん》隊・膺懲《ようちょう》隊など諸隊勢力が五卿を陣中に迎え、一一月一七日から支藩の長府藩（毛利家五万石）の城下に割拠していたのである。すでに藩政府から解散を命じられていた諸隊にすれば、五卿は最後の砦だった。

長州の激派、とくに諸隊士や浪士にとり薩摩藩や西郷は、憎んでも余りある存在である。まさか西郷の考えに変化が起こっているとは、思ってもみない。そこで福岡藩士の月形洗蔵や早川養敬（勇）らは長府城下に赴き西郷の真意を伝えた。五卿を筑前に移せば薩摩藩も福岡藩も五卿を手厚く保護すると誓い、浪士たちを説得する。

浪士の中でも理解を示したのが土佐脱藩後、五卿の親衛隊長を務める中岡慎太郎だった。一二月四日、寺石貫夫と変名した中岡は早川に従い関門海峡を渡り、豊前小倉に滞在する西郷に直接面会してその真意を確認する。つづいて一一日には大胆にも西郷自ら下関に乗り込み、諸隊幹部（赤祢武人らであろう）と会い、五卿移遷を納得させた。この時、中岡はよほど西郷の人物に魅せられたらしい。後日著して同志に回覧した『時勢論』の冒頭で、次のように述べる。

「当時洛西の人物を論じ申し候へば、薩摩には西郷吉之助あり……此の人学識あり、胆略あり、常に寡言《かげん》にして最も思慮深く、雄断に長じ、偶々一言を出せば確然人の肺腑《はいふ》を貫く。且つ徳高くして人を服し、屢々《しばしば》艱難を経て事に老練す。其の誠実武市に似て学識これある者、実に知行合一の人物也。是れ即ち洛西第一の英雄に御座候」

これ以上無いほど絶賛するのは、薩摩藩や西郷に対する同志たちの誤解を解こうとする思いもあったからだろう。さらに中岡は薩摩藩士に吉田松陰の著作を読ませたり、晋作の詩を書き与えたりして、長州人を理解させようともしている。このようにして、薩長が提携する土台が築かれてゆく。

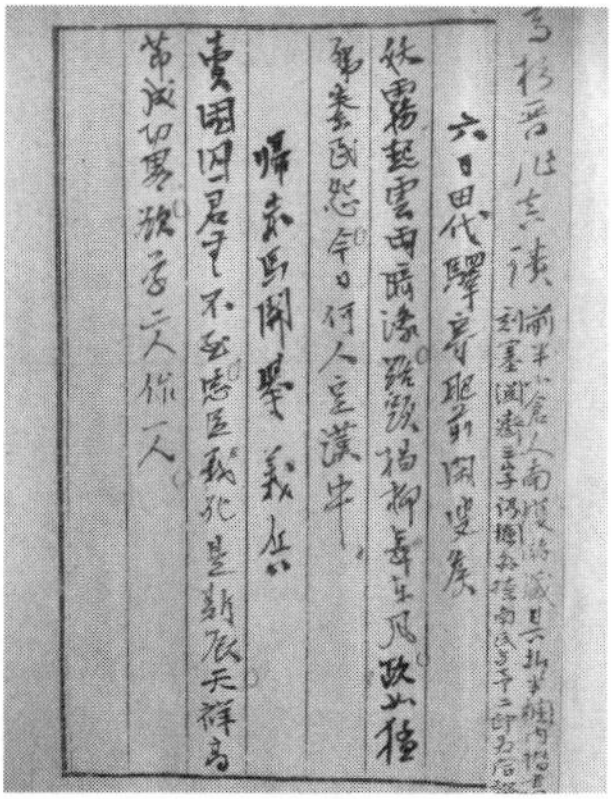

晋作の詩稿。鍋島直正に贈った詩と、下関で挙兵した際の詩が記される（著者蔵）

その後曲折あったものの、明くる慶応元年（一八六五）の一月一四日、五卿は筑前へ向かい、黒崎（現在の北九州市）、赤間（現在の宗像市）を経て、二月一三日に太宰府へ入り延寿王院《えんじゅおういん》に居を定めた。ここで薩摩藩や福岡藩に警護されながら、王政復古までの約三年間を過ごす。

晋作の挙兵

晋作が九州から下関に帰って来たのは元治元年（一八六四）一一月下旬のことである。その頃諸隊は奇兵隊総督赤祢武人が中心となり、「俗論派」との調停を進めていた。そして赤祢は、諸隊が鎮静すれば「正義派」幹部を処刑しないとの約束を取り付ける。

赤祢は天保九年（一八三八）、瀬戸内海に浮かぶ周防柱島（現在の岩国市）の島医者松崎家の子として生まれた。幼少の頃より秀才の誉れが高く、藩重臣浦家の臣赤祢家の養子となる。月性・吉田松陰・梅田雲浜ら当代一流の人物に師事。晋作らと尊攘運動に奔走して文久三年（一八六三）には一代限りの士分に取り立てられ、同年十月からは奇兵隊総督を務めていた。元治元年四月には士気を高めるため、奇兵隊全員を武士身分にして欲しいとの画期的な願書を提出したが、かえって藩上層部に睨まれたりしている。

晋作は、挙兵して「俗論派」から政権を奪取すると主張した。長州藩の経済の拠点下関の大半は支藩である長府・清末藩の領地だが、伊崎・今浦の地先を埋め立てた新地は萩の宗藩の統治下である。まずはここを占領し、萩の「俗論派」に対抗しようというのだ。

赤祢はこれに、真っ向から反対する。そのため晋作は諸隊幹部の会議の席で、激怒しながら赤祢を「大島郡《おおしまごおり》の一土民」と罵った。自分は「毛利家三百年来の世臣」であり、尽くすところが違うとまで言う。だが、諸隊幹部は晋作に賛意を示そうとしなかった。

それでも晋作は一二月一五日深夜、機はいましかないと挙兵する。すでに遷座が決まっていた五卿を長府城下の功山寺に訪ねた晋作は、

「これよりは、長州男児の腕前お目にかけ申すべし」

と挨拶した（土方久元『回天実記』明治三三年）。晋作は小具足に身を包み、烏帽子型の兜を首から掛けていたという。それから、わずかに賛同してくれた石川小五郎（河瀬真孝）の遊撃軍と伊藤俊輔の力士隊の八〇人ほど（異説あり）を率いて下関に走る。

晋作らは新地の藩会所を襲撃して役人を追い払い、つづいて三田尻（現在の防府市）の海軍局を襲撃して軍艦癸亥《きがい》丸を奪った。さらには山口矢原の大庄屋吉富藤兵衛に密使を送り、軍資金の提供を依頼する。

ただし、晋作が決起したため、「俗論派」は野山獄に投じていた渡辺内蔵太ら「正義派」の七名を斬った。赤祢は奇兵隊を脱して上方に走るも捕らえられ、慶応二年（一八六六）一月二五日、一度の裁判も無いまま山口で斬に処される。

一二月二七日、征長総督は退陣令を発したため、諸藩はそれぞれ国もとへ引き上げて長州藩内戦に介入することはなかった。幕府は長州藩主父子と三条実美ら七卿を江戸へ護送して長州処分を決定しようとしたが実行出来ず、その権威に大いに疵がつくことになる。

大田・絵堂の戦い

晋作が挙兵すると、長州藩主は追討軍を差し向けた。奇兵隊など諸隊はしばらく静観していたが、慶応元年（一八六五）一月七日、山間部の絵堂《えどう》（現在の美祢市）で追討軍四百余りを急襲し、晋作の挙兵に呼応する。

諸隊は絵堂より数キロ南に離れた大田《おおだ》（同前）に本拠を置いたが、民衆が糧米や金員を喜んで提供してくれたと、奇兵隊軍監山県狂介は後年回顧する。さらに諸隊は瀬戸内の小郡（現在の山口市）の勘場《かんば》（代官所）を襲撃して大庄屋林勇蔵に軍資金を出させたりと、藩内の代官と結び付き行政機能を掌握してゆく。

大田・絵堂方面の戦いは一月一一、一四日にも行われ、諸隊は藩政府軍を各地で撃破した。一五日には晋作も下関から遊撃隊を率いて諸隊に合流し、翌日赤村《あかむら》まで退却していた藩政府軍を夜襲する。

萩では中立派の藩士から成る「鎮静会議員」が結成され、藩主に改革、諸隊の撫養を迫り内戦を収拾してゆく。二月一九日から萩城内で大会議が開かれ、二二日から三日間行われた祭事で、藩主父子はみずからの「不明不徳」を先祖の霊に謝罪した。政権の座から転落した椋梨藤太ら「俗論派」の幹部は萩を脱出するが捕らえられ、処刑される。

戦いが終わりに近づいた頃、大田における軍議で晋作は萩城下の手前である明木《あきらぎ》の藩政府軍の本拠を、一気に突こうと言い出す。ところが慎重な山県狂介は反対し、山口に退却して形勢を見守るべきだと主張した。他の幹部も山県の案に賛同したため、諸隊は山口に移動する。

もはや、高級官僚でもある晋作の「鶴の一声」で物事が一決する時代ではなくなっていた。山県は天保九年（一八三八）、萩の最下級の武士である蔵元付中間の家に生まれ、吉田松陰に師事し、早くから奇兵隊に参加して頭角をあらわした草莽である。赤祢武人が去った後は、奇兵隊の事実上のトップでもあった。

官僚が草莽に敗れたことが、晋作は面白くなかったのだろう。大組などの中立派をもとに干城隊《かんじょう》を結成し、これに諸隊を統括させようと考えた。封建秩序の立て直しである。三月五日、大組の佐世八十郎（前原一誠）宛て晋作書簡には、

「弟（晋作）も八組（大組）の士、もとより八組士の強き事を欲し候えば、やむをえず奇兵隊など思い立ち候事にござ候」

とあり、「やむをえず」の一言に本音を匂わせる。だが、晋作が考えた干城隊による諸隊の統治は上手くゆかなかった。政治の中心地山口に集結した諸隊勢力を藩内各地に分散させたまでは良かったが、諸隊は「御親兵」と称し、山口の藩庁に兵を送り込んで来る。「俗論派」が復権せぬよう藩政を監視、威圧する目的だったのは想像に難くない。

諸隊は新政権を築いたのは、自分たちだとの自負が強い。「奇兵隊開闢《かいびゃく》総督」を誇る晋作ですら、下級武士や民衆が主力となった諸隊のエネルギーをコントロールすることは出来なくなっていた。

第6章　薩長同盟

刷新された長州藩

長州征討は不戦解兵となるも、処分は済んでおらず長州藩は復権したわけではない。以後朝敵の烙印を消すことが、長州藩最大の課題となった。

内戦が一段落した慶応元年（一八六五）二月頃、高杉晋作は長州藩の今後の兵制改革や人材登用などにつき、『回復私議』と題する意見書をまとめ同志に回覧させている。その中には、「民政正しければ、すなわち民富《たみ》む。民富めばすなわち国（藩）富み、すなわち良器械（良い武器）も手に応じて求めらるべし。諸隊の壮士にミネールの元込み、雷フル（ライフル銃）、カノンの野戦砲を持たしむるときは天下に敵なし」

などとある。民が富めば国は富むという、かつて越前で会った横井小楠の影響が感じられる民富論である。ただ、「待敵」の藩是を定めた長州藩にとり大きな悩みは、武器の不足だった。開港場は横浜・長崎・箱館など幕府直轄地（天領）に限られ、その利益は幕府が独占している。朝敵の長州藩は開港場に入れず、正規ルートでの武器購入はまず不可能だった。

晋作は、長州藩が幕藩体制から独立する「大割拠《だいかっきょ》」をしきりと唱えている。二月二三日、太田市之進・山県有朋ら諸隊幹部宛て書簡では下関を開港して国際貿易で実力を蓄え、「五大州中へ防長の腹をおし出して大細工を仕出さねば、大割拠は成就致さずならん」

と述べる。だが、下関開港など、幕府が絶対に認めるわけはない。そこで晋作は自身がイギリスに渡り、幕府の頭上を飛び越えて直接下関開港の条約を結ぼうと藩に提案する。イギリスは前年下関で干戈を交えて以来、かえって長州藩に好意を抱いているはずだった。

晋作の下関開港論

長州藩は高杉晋作と伊藤俊輔に表向きは英学修業のため横浜行きの沙汰を出し、旅費を与えてイギリス密航を黙認した。

慶応元年（一八六五）三月二一日、晋作と伊藤はまず海路、長崎に到着した。ここで英国領事ガワーを訪ね、密航の斡旋を依頼したが、ガワーは拒否した。イギリスとしても、さすがに表立って長州藩に肩入れするわけにはいかない。

長崎滞在中、晋作らは英商グラバーとも談じている。グラバーは開国と同時に来日し、長崎を拠点に武器・弾薬を中心とする貿易を行い、巨利を得ていた。グラバーは晋作らにいまはイギリスに渡航する時ではない、長州において下関開港を進めよとアドバイスした。

こうして晋作らはイギリス行きを諦め、下関に帰って来る。それでも晋作は藩から預かった洋行費を使い、従弟で義弟の南貞助（高杉百合三郎）と海軍士官の山崎小三郎を英国留学させることにした。名目は「兵学修行事情探索」で、晋作は南に「汝《なんじ》わが志を継ぐをよろこぶ」に始まる五言絶句を与え送り出す。なお、貞助は明治になりイギリス人女性と結婚するが、これが日本における「国際結婚第一号」となった。

やがて、晋作らが下関開港を画策しているとの情報が漏洩してしまう。下関の大半は、支藩の長府・清末藩の領地だ。支藩といっても独立意識が強い。下関を取り上げられると憤慨した長府藩士たちは、馬関応接掛となった晋作・伊藤俊輔・井上聞多の暗殺を企む。四月下旬、危機を察した晋作は四国へ、井上は九州別府へ、伊藤は下関市街へそれぞれ身を隠した。

日柳燕石とうの

四国に入った高杉晋作は松山、道後温泉を経て琴平に至り、同地の侠客日柳燕石《くさやなぎえんせき》のもとに匿われる。日柳は漢詩・漢学に通じた知識人で当時四九歳。慶応元年（一八六五）五月一四日、晋作は旅費を用立ててくれた下関商人入江和作に「備後屋助一郎」の変名で出した書簡に、

「日柳氏博徒の頭《かしら》、子分千人ばかりもこれあり。学文詩賦も腐儒《ふじゅう》迂生《せい》の及ぶところにござなく、実に関西の一大侠客」

と紹介し、絶賛する。ただし子分千人はオーバーで、実際は三、四〇〇人だったともいう。

また、同書簡で「長州人は軽薄につき、露言が多くて込り入り候」などと批判する。

ある時、西郷隆盛は琴平に潜伏する晋作のもとに水戸浪士斎藤佐次右衛門を送り込み、薩摩

と和解するよう説かせたとの話がある（『維新史料編纂会講演速記録・三』大正三年）。だが、晋作は浪士を使者とする西郷のやり方が気に入らず、相手にならなかった。晋作は関門海峡を長州藩が擁する限り、薩摩藩は必ずや好条件で同盟を求めて来ると考えていた。

この逃避行に、晋作はうのという女性を連れている。その前歴は下関裏町の芸妓此《こ》の糸という以外、ほとんど分からない。このころから晋作の愛人として、その影が見え隠れするようになる。後日、晋作は家族からうのの存在を問われ「あれは敵を欺《あざむ》くために連れている」と言っていたそうだ（曾孫高杉勝談）。あるいは手配したのは入江かも知れない。維新後戸籍が必要になったうのを、入江は養女にしている。

閏五月三日、晋作の存在に気づいた高松藩が捕吏を差し向けた。晋作とうのは虎口を脱し、鞆《とも》ノ浦《うら》（現在の広島県福山市）などに潜伏後、閏五月下旬に下関に帰る。かわりに縛に就いた日柳は明治元年（一八六八）一月まで獄で過ごした後、新政府軍に日記方として加わったが同年八月二五日、越後柏崎で病没した。享年五三。

幕府、長州再征に乗り出す

晋作が長崎や四国を走り回っているころ、長州藩内は大きく変化していた。慶応元年（一八六五）四月二六日には「禁門の変」後、但馬などに潜伏していた桂小五郎が帰国し、五月二七日、政事堂御用掛および国政方用談役心得勤務を命じられ、藩政の第一線に復帰する。藩是は「待敵《たいてき》」と決まったが、これは長州藩側が「公明正大の大義」をもって朝廷や幕府と応接しても、理不尽に侵略して来るなら「正義」をもって抗戦するという、武備恭順の決意だった。

長州藩の激派が息を吹き返しつつあると見た幕府は、二度目の長州征討に乗り出す。五月一六日、将軍家茂は軍勢を率いて江戸城を発ち、東海道を上る。閏五月二二日に京都に入って参内した家茂は長州再征の理由を述べて勅を求めるが、孝明天皇は衆議に応じて決めよと慎重で、ただちに勅は下らない。大名や公家たちの間にも、長州再征に大義名分が無いと非難する声が高まっていた。

家茂には勅許無しで、そのまま山陽道を西下する選択肢もあった。そうすれば、武器不足の長州藩はまたも降伏せざるを得なかっただろう。だが家茂は大坂城に滞陣し、天皇との間に生じた溝を埋める道を選ぶ。

このような幕府の動きに対し、西郷隆盛らは長州藩との提携の可能性を探るため、坂本龍馬を長州藩に送り込む。薩摩藩が預かった高松太郎や近藤長次郎ら海舟の門下生は五月二八日(異説あり)、小松帯刀に連れられて長崎に行き、亀山を本拠としていた。薩摩藩は、ここで海軍に関する仕事に従事させようとする。かれらは後に、亀山社中と呼ばれた。

だが、龍馬だけは別行動で、政治活動に使われた。そもそも龍馬は海舟の塾では渉外役が主であり、海軍の技術をどこまで習得していたかは怪しい。むしろ江戸で剣術を修行し、横議横行の末端にも加わっていた経験の方が、重要視された。これまで薩摩は島津久光の方針で、横議横行を避けて来たふしがある。

龍馬、長州へ

慶応元年（一八六五）五月一六日、鹿児島を発った龍馬は熊本で旧知の横井小楠に会い、太宰府で五卿に拝謁し、閏五月一日に関門海峡を渡り下関に入った。桂小五郎は山口の藩政府から藩命を受けて駆けつけ、龍馬と薩長和解につき話し合う。桂と龍馬は、同時期に江戸で剣術修行に励み、試合まで行った仲である。

そこへ土佐脱藩で五卿護衛の土方楠左衛門（久元）が京都からの帰途、訪ねて来る。土方は、西郷隆盛が鹿児島から海路上方へ向かう途中、下関に立ち寄る可能性があるとの情報を伝えた。鹿児島の西郷のもとには、中岡慎太郎が説得に行ったという。この情報を信じた桂は、下関で西郷を待

桂小五郎

つ。龍馬もこのまま一気に薩長が提携出来ると期待し、土方は太宰府に帰ってゆく。

ところが閏五月二一日、やって来たのは中岡ひとりだった。同月一五日、鹿児島を発った西郷は下関に立ち寄らず、豊後佐賀関で中岡を下ろして自身は上方に向かったというのだ。途中で心変わりしたのか、そもそも桂との会談を承諾していなかったのか、このあたりは謎の部分もあるのだが、ともかく西郷は下関に来なかった。

面目を潰された桂は激怒した。龍馬と中岡は陳謝しながらも、「薩摩を信用せよ」と言う。すると桂は、長州藩の武器購入のため、薩摩藩の名義を借用させてもらいたいと提案した(「自叙」『木戸孝允文書・八』昭和六年)。

武器不足は、この頃の長州藩にとり最大の悩みだった。軍制改革を担当する大村益次郎などは、一万挺の小銃が必要だと試算していたほどだ。高杉晋作が下関開港を企んだが、失敗したのは先述のとおりである。五月には、幕府を支援するフランスの提唱でイギリス・アメリカ・オランダは日本に対する密貿易禁止を申し合わせていたから、朝敵の長州藩が武器を購入することはますます困難になっていた。

薩摩名義で長州の武器購入

桂小五郎から薩摩藩名義の借用を依頼された龍馬と中岡は、下関から京都を目指す。ただ、

晋作が楠本文吉に贈った詩書扇面（著者蔵）

名義貸しのためどのような活動を行ったのか、具体的には分からない。

五卿に仕える土佐脱藩の楠本文吉（谷晋）は慶応元年（一八六五）六月二〇日に京都を発ち、太宰府に帰る途中、下関に立ち寄る。今日では「楠本文吉」は『明治維新人名辞典』（昭和五六年）などにも立項されていない、無名の人物と言っていい。ところが、薩長の提携や武器購入に意外と重要な役割を果たしている。

楠本は龍馬・中岡より、桂あての伝言を託されていたという。中原邦平『井上伯伝・四』（明治四〇年）では「薩藩承諾の旨を回答し来りたるが如し」「楠本文吉が阪本等二人の回答を齎《もた》らして、馬関に来りたるものと察せらる」と推測するものの、伝言の有無、具体的な内容は詳らかではない。

高杉晋作も四国から下関に帰っており、楠本に頼まれて扇面に近作の詩二篇を書き与えている。この頃になると晋作は内戦により長州藩の危機を救った「英雄」として扱われ、揮毫《きごう》を求める者が多かった。中には押しかけて弟子入りを志願する熱烈な「信者」もおり、晋作を困惑させる（慶応元年一一月三日、桂小五郎宛て晋作書簡など）。

桂小五郎は、楠本の情報に手ごたえを感じた。そこで藩政府の決定を待たずに独断で七月一六日朝、武器購入のため井上聞多・伊藤俊輔を下関から長崎に向けて旅立たせる。これに、太宰府に帰る楠本も同行した。

井上・伊藤は太宰府に立ち寄り、五卿警護の薩摩藩士に会い、長州人では道中支障があるため薩摩藩士と名乗らせて欲しいと頼み、許可される。楠本は井上・伊藤を三条実美に拝謁させた。三条は楠本に長崎まで二人に同行するよう、命じた。

小銃七千三〇〇挺を購入

楠本文吉は慶応元年（一八六五）七月二一日、長崎に着くや、亀山で起居する同郷土佐の浪士のもとへ、井上・伊藤を連れて行く。まず、千屋《ちや》寅之助・高松（多賀松）太郎を紹介し、来意を告げて周旋を依頼する。さらに近藤長次郎（上杉宗二郎）・新宮馬之助らも謀議に加わる。

つづいて高松らが井上・伊藤を薩摩藩邸に連れて行き、小松帯刀に引き合わせる。小松は、

武器購入への協力を快諾してくれた。井上・伊藤が七月二六日付で藩政府の桂らにあてた報告書には、

「過る二十一日崎陽（長崎）到着、薩藩小松帯刀その外面会の上、一々示談に及び候ところ、案外に都合宜敷く参り、薩州買入れの名を以て周旋致しくれ候との事に相決まり」

とある。これを読む限り上方にいる龍馬や西郷から事前に小松に連絡や指示があった形跡は無く、名義貸しは井上・伊藤が小松に直談判して、初めて許されたようである。

その夜、井上・伊藤はひそかに高松に連れられ、英商トーマス・グラバーを訪ね、薩摩藩の名義で小銃購入の契約を結ぶ。こうしてミニエー、ゲベール合わせて七千三〇〇挺の小銃を得ることになった。残るは軍艦購入だが、こちらは後述するように難航する。

伊藤は後年、「鉄砲を買うのは直接に外国人に買った」（末松謙澄『維新風雲録』明治三三年）と回顧しているから、よく言われるように社中を介して購入したわけではない。大体海軍の技術を薩摩藩に買われた社中がこの時期、商社活動や海運を行っていたかも怪しい。

さらに言えば龍馬は社中の創設者でもなければ、この頃は一員でもない。九月九日、姉乙女宛て龍馬書簡では新宮馬之助・近藤長次郎・高松太郎ら同郷人の名を挙げ、「この者ら二十人ばかりの同志引きつれ、今長崎の方に出稽古方（海軍の指導）つかまつり候」と知らせる。つづいて自身の近況として「私しは一人天下をへめぐり、よろしき時は諸国人数を引きつれ、一

時にはたあげ（旗揚げ）すべしとて、今京にありけれども」云々と、新宮・近藤・高松らの社中とは別行動だと述べている。

非義の勅は勅にあらず

小松帯刀は薩摩藩が購入したばかりの蒸気船開聞丸で、長崎から帰国することになった。社中のリーダー格近藤長次郎の提案で、井上聞多も同行して薩摩に向かう。長崎を発ったのは慶応元年（一八六五）七月二八日だった。

ひと月近く薩摩に滞在した井上は薩摩藩の家老桂久武《ひさたけ》はじめ大久保利通・伊地知壮之丞ら要人と薩長和解につき話し合った。つづいて井上は長崎を経て、銃を積んだ薩摩艦の胡蝶丸・開聞丸を先導して三田尻に向かう（『井上伯伝・四』）。

井上の報告を受けた長州藩主父子は九月八日、薩摩藩主父子に感謝状を送る。前年対立した不幸を嘆くも「万端氷解《ばんたんひょうかい》および候」とし、詳しくは使者の上杉宗次郎より聞いてくれと言う（『鹿児島県史料　忠義公史料・三』昭和五一年）。薩長間の関係修復がかなり進んだ様子がうかがえる。

一方、九月二一日の朝廷会議では、長州の支藩主が大坂までの呼び出しに応じないなどの理由で長州再征が決まり、翌二二日、将軍家茂は参内して天皇に奏上した。だが、薩摩藩は大義

名分が無いとして反対する。朝廷側と交渉していた大久保利通は九月二三日、西郷隆盛あて書簡に、

「非義の勅命は勅命にあらず候ゆえ、奉つるべからず所以《ゆえん》にござ候」

と書く。「天下万民」が納得しないものは、「勅」ではないとする。本来「尊王」「勤王」を唱える者にとり、「勅」は絶対であるはずだった。だが大久保は、自分たちに不都合ならば従わなくても良いと言うのだ。

龍馬が再びメッセンジャーに

西郷隆盛はこの大久保利通書簡を使い、薩摩藩は長州再征に協力しないとの決意を長州側に伝えようとする。坂本龍馬は再びメッセンジャーとして、長州藩に送り込まれた（佐々木克『幕末政治と薩摩藩』平成一六年）。

慶応元年（一八六五）九月二九日、周防上関（現在の山口県上関町）から長州藩入りした龍馬は一〇月三日、宮市で旧知の長州藩士小田村素太郎（楫取素彦《かとりもとひこ》）と会う。龍馬は桂小五郎こと木戸貫治（九月二九日に改名、後述）への取り次ぎを頼んだ。小田村は龍馬を山口に連れ帰り、ひとまず藩政府の広沢藤右衛門・松原音造に会わせた。

一〇月五日、木戸あて小田村書簡によると、龍馬は「上国の模様浩嘆の至り」とし、このた

びの長州再征は幕府が虚勢を張るために始めたことで、朝廷も「痛哭流涕《つうこくりゅうてい》」していると言う。これに西郷ら薩摩藩が強く反対し、「非義の勅」を早く取り返さなければ「朝廷の御失徳を宇内（全国）に暴露」して、天皇の「御威光にも疵附《きずつ》」くなどと憂えているとも知らせた。

なお、小田村と会った一〇月三日、龍馬は長州藩に身を寄せていた土佐浪士の池内蔵太《いけくらた》（細川左馬之助）に書簡を発す。長州再征の勅に、薩摩藩のみが反対しているとし、「非義の勅下り候時は、薩は奉ぜずと迄論じ上げたり」と知らせた。山口からの帰りに池と面会し、場合によっては上方に連れて行くとも述べる。龍馬は池を通じ、長州に庇護されている浪士たちにも薩摩藩の真意を広めようとした。その後池は社中に加わり、薩摩藩が運用を任せてくれたワイルウェッフ号の士官となるが、慶応二年五月二日、海難事故で五島塩屋崎において二六歳の命を散らす。

この時龍馬が長州藩を訪れたもうひとつの目的は、薩摩藩の糧米五〇〇石の確保だったが、こちらはスムーズに進む。だが、西郷の配慮で返すことになったが、長州藩もそれを受け取らず、龍馬が貰ってしまったとの逸話がある（『龍馬のすべて』）。西市《にしいち》（現在の下関市）の大庄屋中野半左衛門の日記一〇月一四日の条には、木戸（桂小五郎）・晋作・井上・伊藤らと共に「土佐藩壱人」が下関新地で会食したとある（『豊田町史』昭和五四年）。この土佐人が龍馬だったとすれば、長州側と信頼関係を深めていた様子がうかがえる。

広島での幕長会談

長州再征が勅許されたからと言って、幕府はただちに攻撃を開始するわけではない。長州藩側が出頭しないのなら、幕府から隣国の安芸広島に出向き、長州藩を取り調べ、その結果を検討したすえ、孝明天皇が処分を決めるのである。

長州藩は慶応元年（一八六五）九月二九日、桂小五郎を「木戸貫治（孝允）」、高杉和助（晋作）を「谷潜蔵」と一代限り変名するよう命じた（以下、本書でも原則として桂は木戸とする）。幕府の圧力が強まる中、出頭を命じられる可能性が高い「危険人物」の二人を、別人に仕立てておく必要があったのだ。事実、幕府は二人を含む一二人の出頭を命じて来るが、長州藩は行方不明とか死亡とか返答してごまかしている。

ただ、晋作が「谷潜蔵」という別人になったことは、高杉家にとり一大事だった。高杉家を継ぐ可能性が消えたわけで、そのため後日、晋作の三人の妹のうち末のミツが婚家から連れ戻され、新しい婿を迎えて高杉家を継ぐ。「高杉晋作」という「英雄」が誕生する陰には、こうした身内の悲劇もあったのだ。

一一月一六日、幕府の大目付永井主水正《もんどのしょう》（尚志《なおゆき》）ら一行が安芸広島に送り込まれる。かれらの任務は、長州再征の大義名分を引き出すことだ。長州側は宍戸備後助（山県半蔵）らが広島に出向き、国泰寺《こくたいじ》で応対した。

幕府側は藩内戦のこと、山口政事堂のこと、家臣がイギリス人に接触したこと、大砲や小銃を英商から買い入れたこと、太宰府の五卿に接触していること、支藩主が呼び出しに応じないことなどを問い詰めて来た。長州側はあくまで朝廷や幕府の攘夷の方針に従ったまでだと主張し、ある時はごまかし、ある時は嘘をつき弁明する。

一二月一六日、役目を終えた永井らは広島を去り、大坂に戻って復命した。こうして集めた材料をもとに、幕府は長州処分案をまとめ上げてゆく。

ユニオン号問題

慶応元年（一八六五）一一月二四日、龍馬は大坂を発ち、海路長州藩の周防上関に上陸した。薩摩藩から広島での談判や長州内部の情報を収集する任務を与えられていたと考えられる。

一二月一四日、龍馬は下関から薩摩藩士岩下佐次右衛門・吉井友実に書簡を発した。岩下・吉井は薩摩藩重臣の桂久武と共に一二月六日、海路鹿児島を発ち、長崎を経て上京の途にあった。書簡の中で龍馬は、大目付永井主水正が長州の藩政府と諸隊を離反させようと画策しているなどと述べる。また、「上下一和、兵勢の盛んなる、長を以て第一とすべく存じ候」と、長州藩内の士気高揚を知らせた。

ところが同じ書簡で龍馬は、上関には行けないと断っている。龍馬は上関で、岩下らに会うと約束していた（『桂久武日記』）。同じ船で、京都に行くつもりだったのだろう。

にもかかわらず、龍馬に下関から離れられない事情が生じた。ユニオン号購入をめぐるトラブルに関与したからである。ユニオン号は薩摩藩名義で長州藩がグラバー商会から五万両（異説あり）で購入したイギリス製の木製蒸気船（三〇〇トン）だった。購入に尽力したのは、社中のリーダー格上杉宗次郎こと近藤長次郎である。

高知城下水道町の餅菓子屋の息子として天保九年（一八三八）に生まれた近藤長次郎は早くから学問に長じ、文久三年（一八六三）には藩から苗字帯刀を許されて龍馬らと勝海舟の門で海軍を修業した。

蒸気船購入を取り仕切り、薩長両藩主にも拝謁し、近藤はその名を高める。近藤は井上聞多らと協議の上、ユニオン号は日頃は薩摩旗を掲げ、「桜島丸」として高松太郎ら社中の士官が乗り組み、商用にも使うと決めた。ところがこの案を長州藩の海軍局が認めない。海軍局側はすでに自分たちが使用するつもりで「乙丑丸《いっちゅう》」の名を用意し、艦長も中島四郎と決めている。

帰属をめぐる紛糾が生じたところに長州藩を訪れていた龍馬が介入し、長州側に立って交渉を進めた。結果士官は薩摩から乗り込んでも、その上位の総管は長州から搭乗するとか、商用は長州藩の越荷方《こしにがた》が担当し、空いた時は薩摩藩も使って良いが費用は出すとかが決まる。

近藤長次郎

長州藩の言い分の多くが通ったわけだが、立場を失ったのは近藤長次郎である。そして近藤は慶応二年一月二三日、長崎で自決し果てた。享年二九。龍馬は手帳に、「術数余り有りて至誠足らず、上杉氏の身を亡ぼす所以なり」と意味深長なことを書く。以後龍馬は近藤と入れ替わるように、社中のリーダー格の椅子に座る。龍馬社中的体制が、ここから始まった。龍馬の手帳には慶応二年一〇月頃のこととして薩摩藩からひとり三両二歩の月給が龍馬ら七名に支払われている旨が記されている。一方、小松帯刀の尽力により薩摩藩では海軍所、海軍局を設けるなどし、海軍の指導という社中の役目は終わろうとしていた。

なお、近藤自決の原因としてユニオン号問題の他、英国留学計画が未然に発覚して同志の反感を買ったとの説もある。留学は長州藩主からの褒賞だという。あるいは伊藤博文は後年、留学は小松帯刀の後ろ盾によるものとし、「気の毒なことをした。これが一番役に立つ男だった」と近藤の死を悼む（『伊藤公直話』昭和一一年）。

確かに近藤の英国留学の計画は、進んでいたようだ。当時高杉晋作は下関で初対面の近藤につき「随分才子のように思われ候」と、桂小五郎宛て書簡で高く評している。また、近藤が下関を去る時贈った詩に、

「これより去って君もし愚弟に逢わば
為に言え、忘る勿れ本邦の基をと」

とある。愚弟とはこの年四月、晋作の代わりにイギリスに密航留学した、南貞助のことである。晋作は渡英する近藤に、日本の事を忘れるなと南への伝言を託したのだ。

龍馬を激励する晋作

これから勅として出される長州処分にどう対処するかが、薩長共に大きな問題となってくる。そのため慶応元年（一八六五）一二月になり薩摩藩士黒田了介（清隆）が長州藩に来て木戸孝允に会い、上京して薩摩藩首脳の小松帯刀や西郷隆盛と話し合うよう熱心に説く。さらに龍馬も、木戸に上京を勧める。

だが、木戸は西郷に対する不信感があり、なかなか煮え切らない。そこで高杉晋作と井上聞多が奔走し、君命を引き出す。晋作は奇兵隊軍監の山県狂介・福田俠平あて書簡で、

「この度、木戸貫治上国行の儀、拙弟は異論なく、もっともに存じ奉り候」

と知らせる。諸隊の中にはまだ、薩摩を敵視する風潮も残っていたため、薩長の提携に理解を求めているのだ。

一二月二一日、藩主は木戸を召して「京摂の形勢視察」を名目として上京を命じる。君命ならば仕方ない。二七日、木戸は奇兵隊の三好軍太郎（重臣）、品川弥二郎、土佐浪士の田中謙助（光顕）、黒田とともに三田尻から海路上方へ向かう。

一一月下旬以来、龍馬は長州藩に滞在していたが、晋作とゆっくり話し合ったのは、この時が初めてではないか。ニアミスが多かった二人だったが、ようやく肝胆相照らす仲となってゆく。龍馬と酒を酌み交わしていた晋作が、先師吉田松陰がアメリカ密航に失敗したおり詠んだ、

「かくすれば かくなるものとしりながら やむにやまれぬ大和魂」

を大声で吟じた。すると龍馬が即興で、

「かくすれば かくなるものと我も知る なお止むべきか大和魂」

と返したとの逸話が『土藩坂本龍馬伝』に見えるが、この間のことかも知れない。

そして慶応二年一月一三日、ユニオン号問題で遅れたものの、龍馬が薩長会談を見届けるべく、長府藩士三吉慎蔵とともに下関から海路上方に向かう。この時、龍馬は晋作に揮毫を求めた。晋作は扇面に次の五言絶句と脇文をしたため、贈る（読み下し）。

「識者は航海を謀り

義人はまさに邦《くに》を鎖《とざ》さんとす
これを思い、またこれを思い
我が眼忽《たちま》ち朧々《ぼうぼう》
丙寅春孟正月《はじめ》、土藩龍馬坂下君、まさに吾国（長州藩）を発して上国に至らんとし、書を余に求む。素より筆墨に拙し。然れども友義に負《そむ》き難く、乃ち二十字を録し責を塞ぐと云う。辱知生潜拝草」

晋作は同じ頃、この詩を長州藩の正木退蔵などにも書き与えている（『高杉晋作史料・二』）。だから断言は出来ないが、航海を行う「識者」が龍馬で、藩を大割拠させる「義人」が晋作と読むのが自然だろう。なお、龍馬・晋作の間を往復した書簡類は、現在のところ一点も確認されていない。

薩長同盟締結

慶応二年（一八六六）一月二二日、一橋慶喜らは御所で長州処分案を奏請した。それは長州藩主の隠居、世子の永蟄居、一〇万石の削封といった、幕府としては最大の譲歩案である。その案は翌日勅許された。

同じ頃、京都入りした木戸孝允は薩摩の小松帯刀や西郷隆盛らと会談している。

薩摩側は、勅として突き付けられる長州処分を長州藩が一応承服したら、やがて上京も許され、復権も可能と考えている。ところが、長州藩を代表する木戸は、承服出来ぬと拒もうとした。すでに長州藩は三家老を切腹させるなど、服罪は終わったと理解している。にもかかわらず朝敵の烙印を消さず、またも処分といった理不尽を受け入れるわけにはいかないのだ。それは「待敵」の藩是からも、絶対に認めるわけにはいかない。

結局薩摩が黙認するような格好になり、幕府・長州の開戦、非開戦および勝敗、いずれのケースも考慮した、いわゆる「薩長同盟」が締結されてゆく。その最も重要なポイントは、朝敵の長州藩を薩摩藩がいかに天皇に働きかけ、復権させるかである。長州復権を一会桑が邪魔するなら武力による決戦も辞さぬと威勢のよい一条もあるが、天皇が相手側にいる以上さすがに現実的ではない。

『桂久武日記』(昭和六一年)一月一八日の条には『桂の他、島津伊勢・西郷・大久保・吉井・奈良原繁《しげる》が「大かね時分(夕方)」より「深更迄」、「国事段々咄し合い候事」とあり、大体の「合意点」を決めたことが推察される。というのは、つづいて二〇日に木戸の「別盃(送別会)」が催され、「爰許《ここもと》の事情言上」のため、翌日の大久保の帰国が決まっているのだ。

この同盟は、薩摩とつながる松平慶永ら幕政改革を望む有志大名、岩倉具視ら王政復古を熱望する公家、長州とつながる三条実美ら五卿、在野の浪士らがひとつの大きな政治勢力圏に入

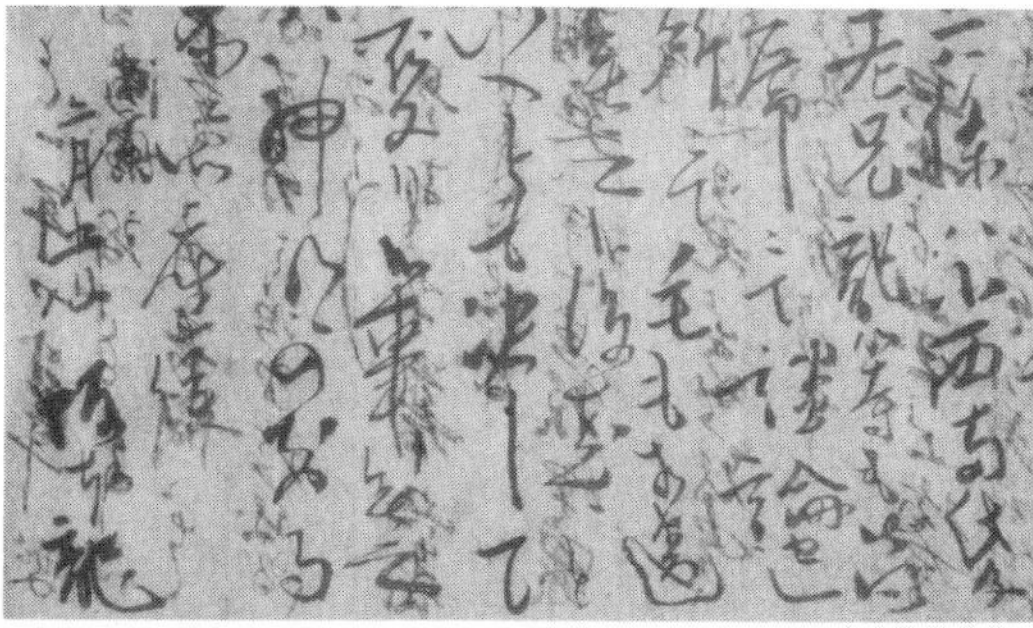

薩長同盟書状の龍馬が認めた裏書き部分（宮内庁書陵部所蔵）

ったことを意味していた。

龍馬の一喝

龍馬はと言えば慶応二年（一八六六）一月一八日、大坂の薩摩藩邸に入っている。その夜、長府藩士三吉慎蔵と共に幕府の政治顧問として在坂中だった旧知の大久保一翁に会いに行く。大久保は龍馬が長州人同行で入京するとの情報があり、厳重に手配されているから、早く立ち退くよう注意を与える。このため三吉は槍を買った（『三吉慎蔵日記』）。それから土佐脱藩の池内蔵太（細川左馬助）と新宮馬之助（寺内新左衛門）を加えた四人で、薩摩藩の船印を借り、淀川を溯って一九日夜、伏見の寺田屋に到着した。

寺田屋は薩摩藩御用達の船宿で、この頃薩摩藩士「西郷伊三郎」と称していた龍馬の定宿でもある。女将のとせ（登勢）が気骨ある女性で、何かと龍馬に便宜をはかってくれた。ここで一泊し、三吉を残した龍馬らは翌二〇日京都に入る。

薩長共に、どちらが先に頭を下げるかで意地を張り合い、木戸が帰国を決めたところへ龍馬が飛び込み一喝して同盟締結に至ったというのは、龍馬を神格化するために創られたフィクションであろう。そのひとつ、『維新土佐勤王史』によると龍馬は木戸に、「長州の体面云々、一応は尤もに承《うけたま》はれど、元来薩長の連合は、この日本国を救はんが為なれば、一藩の私情は忍ばざるべからず」などと詰め寄ったとある。

処分を呑むか否かで薩長間で意見の食い違いが起こっていたのは確かだろう。いささか不自然な推測だが、処分を呑むか否かの問題だけが、龍馬到着まで中途半端に残されていた可能性は考えられなくもない。

木戸は維新後著した「自叙」で、「在留殆んど十数日、而して未だ両藩の間に関係するの談に及ばず」とし、やってきた龍馬にも「一も誓約するもの無し」と答えたと述べる。この、木戸の具体性に欠ける記述を『維新土佐勤王史』ばりに解釈すれば、龍馬の大活躍になる。だが、先述のリアルタイムでの史料なども併せると、「一も誓約するもの無し」とは考え難く、何か最後のピースが埋まらずに難航していたと見るのが妥当ではないか。もっとも、それを打破したのが龍馬の一喝だったのかは詳らかではない。

薩長同盟については証文の一枚も作られなかった。長州は朝敵だから、薩摩は当然用心する。

木戸は不安を覚えたようで後日、決まった事項を六カ条に書き出して龍馬に裏書きを求めた。本来ならば小松や西郷の裏書きが欲しいところだが、それは無理だったのだろう。これに対し龍馬は、

「表に御記し成され候六条は、小（小松）・西（西郷）両氏及び老兄（木戸）・龍等も御同席にて談論せし所にて、毛《すこし》も相違これ無く候」

と朱筆で裏書きした。木戸は龍馬の裏書きにより、薩摩藩との会談を長州藩主父子や藩政府上層部に説明したものであろう。

そして、維新後、明治政府で冷遇されたと感じた土佐人たちが、薩長を救ったのは龍馬だったとの伝説を創ってゆく。

龍馬、襲撃される

龍馬が伏見の寺田屋に帰って来たのは慶応二年（一八六六）一月二三日深夜のことだった。それから龍馬を待っていた三吉慎蔵と二階の部屋で布団に入って、話し込む。そこを伏見奉行所の捕吏が取り囲んだ。すでに龍馬は危険人物として、幕府側にマークされていた。

この頃、龍馬は妻りょうを寺田屋の女将とせに預けていた。入浴中のりょうは異変に気づき、急ぎ裏梯子を駆け登って龍馬らに知らせる。三吉は袴を着けて槍で、龍馬は短銃で応戦した。

二月四日、龍馬はこの時の様子を木戸孝允宛て書簡に次のように記す。

「はからずも幕府より人数さし立て、龍を打ち取るとて夜八ツ時頃二十人ばかり寝所に押し込み、皆手ごとに槍とり持ち、口々に上意、上意と申し候につき、少々論弁致し候えども、早も殺し候勢い相見へ候故、是非無く彼の高杉より送られ候ビストールを以て打ち払い、一人を打ちたをし候。何れ近間《ちかま》（近距離）に候えば、さらにあだ射つかまつらず候えども、玉目少なく候えば、手ををい（負い）ながら引き取り候者四人ござ候」

左手の指を負傷した龍馬は、敵中に突っ込むと言い張る三吉を連れて寺田屋の裏から脱出し、材木置き場まで逃れた。その後負傷した龍馬は、三吉とりょうの通報で異変を知った薩摩藩士に救出されて伏見の藩邸に匿われた。さらに二月一日には京都に護送され、藩邸で療養を続ける。龍馬は一二月四日、姉乙女宛て長文書簡でりょうのことを紹介している。故郷の家族にも正式な妻として認めて欲しいとの思いが伝わる。

「今年正月二十三日夜のなん（難）にあいし時も、この龍女がおればこそ、龍馬の命はたすかりたり。京のやしき（薩摩藩邸）に引き取りて候後は小松、西郷などにも申し、私妻と知らせ候。このよし兄上にも御申し遣わさるべく候」

りょうは、京都の医者で熱心な勤王家でもあった楢崎将作の長女だった。将作没後、母は京都の大仏にあった「志士」たちのアジトの賄いをやっていたが、そこに出入りしていた龍馬が、

「お前の娘を私にくれんか。さすれば、およばずながら力にもなろう」

と、りょうとの結婚を申し出たのだという（『わが夫 坂本龍馬』）。

なお、龍馬の一命を救うのに一役買ったピストルは、木戸宛て書簡にもあったように高杉晋作から贈られたものだった。晋作は上海に渡った際少なくとも二挺、下関などでも何挺かピストルを購入している。京都に上る龍馬に、護身用として贈ったものだろう。

晋作と梅之進

高杉晋作は慶応元年（一八六五）一二月三日より赤間関都合役となり、下関の新地会所に単身赴任で勤めていた。ところが藩は翌二年一月二三日、妻子も下関に移るよう沙汰を出す。このため二月下旬、晋作の妻マサ、数えの三つになる長男梅之進、および母ミチが萩から下関に出て来た。晋作は愛人うのと下関の入江和作邸の茶室で同棲していたから、大いに慌てる。

「弟（晋作）も当節は妻子引越し、愚妾一件かれこれ、金にはつかえ、胸間雑踏困窮まかりあり候」

と、二月二〇日、木戸孝允宛て書簡で泣き言をつぶやく。あるいは両手に花で嬉しくも困窮する複雑な胸中を、次の詩に託す。

「妻児は将《まさ》に我が閑居に到らんとす

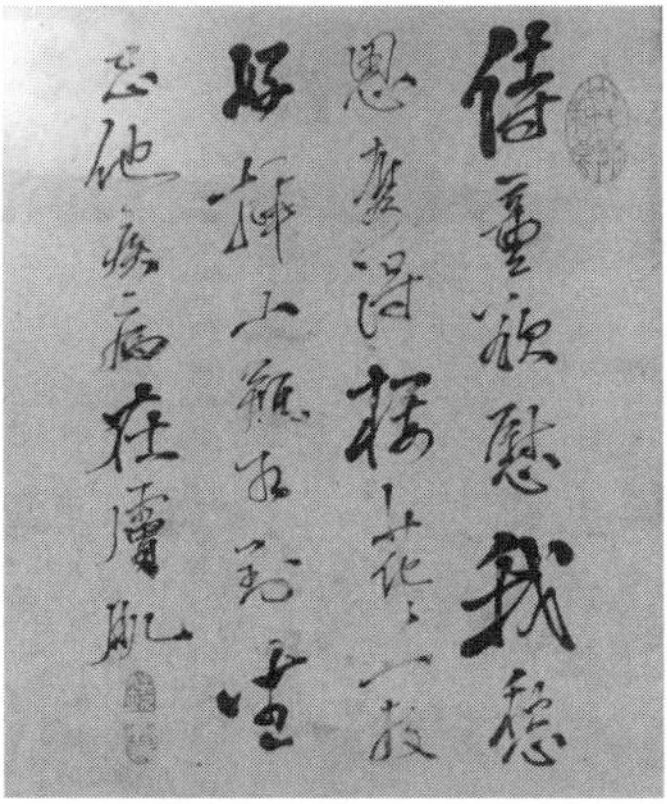

晋作が息子との交流を喜んだ詩
（著者蔵）

妾婦胸間に患余りあり
是れより両花開落を争う
主人は拱手《きょうしゅ》し如何する莫《な》し」

それでも、晋作が素直に喜んだのは息子梅之進との再会だった。そのことを詠んだ、次のような詩もある。

「侍童《じどう》我が愁《しゅう》を慰めんと欲し
携《たずさ》え得たり桜花の花一枝
好く小瓶に挿して相対座すれば
他に疾病の膚肌に在るを忘る」

晋作は体調がすぐれなかった。そこへ子供が自分を慰めるため、桜の一枝を携え、見舞いに来てくれた。それを小瓶に差して眺めていると、病気のことを忘れてしまいそうだとの意味である。「侍童」とは貴人の側に仕え、身の回りの世話をする子供のことだが、この場合は額面どおりではないだろう。

半世紀後の『朝日新聞』大正五年（一九一六）五月九日付に載ったマサの回顧談によると、

「（晋作は）至って子煩悩で、三つや四つの子供であったが、『偉くなれ、偉くなれ、国の為に尽くすようになれ』と、申しておりました」

とある。梅之進の成長をつねに晋作が気にかけていたことは、その後の書簡などを見てもわかる。いまに残る晋作自筆のこの詩は筆に墨を含ませて勢いよく一気に書き、墨が切れるとまた含ませて書くという息遣いが伝わるもので、息子に会えた幸福な気分がそのまま現れているかのようだ。

ちなみに梅之進（春雄）は維新後、成人して東一《とういち》と名を改めた。上京して商法講習所（現在の一橋大学）に学び、洋行もして官吏となり、台湾総督府などに勤めたりしたが大正二年七月一一日、五二歳で没している。

下関から逃げた晋作

妻子を白石正一郎の家に預けた晋作は、下関から逃げることにした。伊藤俊輔とともに、山口の藩政府の木戸孝允に、薩摩出張を願い出る。鹿児島で開かれる薩摩藩とイギリスの会談に、長州藩を代表して晋作も参加しようというのだ。

長州藩は武器購入斡旋に対する礼との名目で晋作を正使、伊藤を副使として薩摩行きを許可した。晋作に託された薩摩藩主父子あての長州藩主父子の手紙には、次のような丁重な感謝の言葉がつづられる。

「方今《ほうこん》、尊藩（薩摩）を除くの外、依頼つかまつる諸侯絶ってこれ無く……昨年蒸気船・小銃等の件に御頼みつかまつり候ところ、御嫌疑御はばかりもこれ無く、速やかに御取り計らい成し下され、弊国（長州）の大幸この上無き事にござ候」

復権を目指す長州が、いかに薩摩を頼りにしていたかがうかがえる。また、晋作が慶応二年（一八六六）二月二六日、木戸に宛てた書簡には、

「薩人英夷接近々これある由にて、小松・西郷なども西行の由にござ候……小松・西郷蒸気艦にて当処（下関）通行致し候由につき、その便船を借り候はば甚だ妙と存じ候」

などとある。これは大坂から帰国する薩摩藩の小松帯刀と西郷隆盛を乗せた薩摩藩船三邦丸《みくに》が下関を通航するので、晋作も便乗を望むというもの。西郷らの帰国の目的は長州再征を阻止すべく、諸侯会議を京都で開かせるための根回しだった。

三邦丸は三月六日夜、下関に立ち寄り、長崎を経て薩摩に帰る。だか、晋作と伊藤は三邦丸に乗るタイミングを逸したようで、三月二一日、横浜から長崎に帰るグラバーの商船に下関から便乗して長崎に至った。

三邦丸には小松・西郷のほか、龍馬・りょう夫妻、三吉慎蔵・中岡慎太郎なども乗っていた（ただし三吉・中岡は下関で下船）。もし晋作・伊藤が乗り込んでいたら、錚々たる面子による船内会談が実現した可能性はある。来るべき長州再征の戦略、次に生まれる新政権につき、熱く

語り合ったかもしれない。

なお、晋作の家族は呆れたのか四月一日、萩に帰っている。

龍馬とりょうの霧島登山

三邦丸に乗り組んだ龍馬とりょう夫婦は慶応二年（一八六六）三月一〇日、鹿児島に到着した。一六日には薩摩藩士吉井幸輔（友実）に誘われ、夫婦で霧島方面に湯治に出かける。一六日は日当山《ひなたやま》温泉に一泊し、それから北の塩浸《しおひたし》温泉を訪ねたが、よほど気に入ったようで一〇日ほど滞在した。一二月四日、姉乙女宛て書簡には、雄大の自然に心打たれたさまを次のように知らせる。

「この所はもお大隅の国にて和気清麻呂がいおり（庵）おむすびし所、蔭見《いんけん》の瀧、その瀧の布は五十間も落ちて、中程には少しもさわりなし。実にこの世の外かとおもわれ候ほどのめづらしき所なり。この所に十日ばかりあそび、谷川の尾がれなてうおおつり（魚を釣り）、短筒をもちて鳥をうちなど、まことにおもしろかりし」

二八日には、さらに山奥の栄之尾温泉で湯治する小松帯刀を見舞いに訪れた。翌二九日、夫婦は田中吉兵衛という案内人とともに高千穂峰に登る。りょうの回顧によると、小松が弁当がわりに「カステイラ」をくれたという。登山のことを、龍馬は次のように知らせる（先述の姉乙女宛て書簡)。

「どふも道ひどく、女の足にはむつかしかりけれども、とふとふ馬のせこへまでよぢのぼり、この所にひとやすみして、又はるばるとのぼり、ついにいただきにのぼり、かの天《あま》のさかほこを見たり」

ようやくたどり着いた頂きに刺さっていたのは、天孫降臨《てんそんこうりん》伝説にちなむ金属製の「天《あま》の逆《さか》鉾《ほこ》」だった。龍馬は乙女宛て書簡で、逆鉾のスケッチまで添えて「これはたしかに天狗の面なり。両方共にその顔がつくり付けてある。からがね(唐金)也」などと説明した後、「かよふなるおもいもよらぬ天狗の面があり〈げにおかしきかおつきにて〉、大いに二人が笑いたり」

と、神国思想のシンボルとも言うべき逆鉾の「正体」を暴き、笑う。そこに、国体論は持ちつつものめり込まない龍馬の合理的な本音が透けて見える。

りょうが龍馬に逆鉾を「抜いてみとうございます」と言うと、龍馬も「やってみよ、難しけりゃ手伝ってやる」として、案内人が制止するのも振り払い、抜いて捨てたという(『わが夫坂本龍馬』)。

龍馬とりょうが鹿児島城下へ帰ったのは四月一二日のことで、それからしばらく滞在し、藩の洋学校である開成所なども見学した。

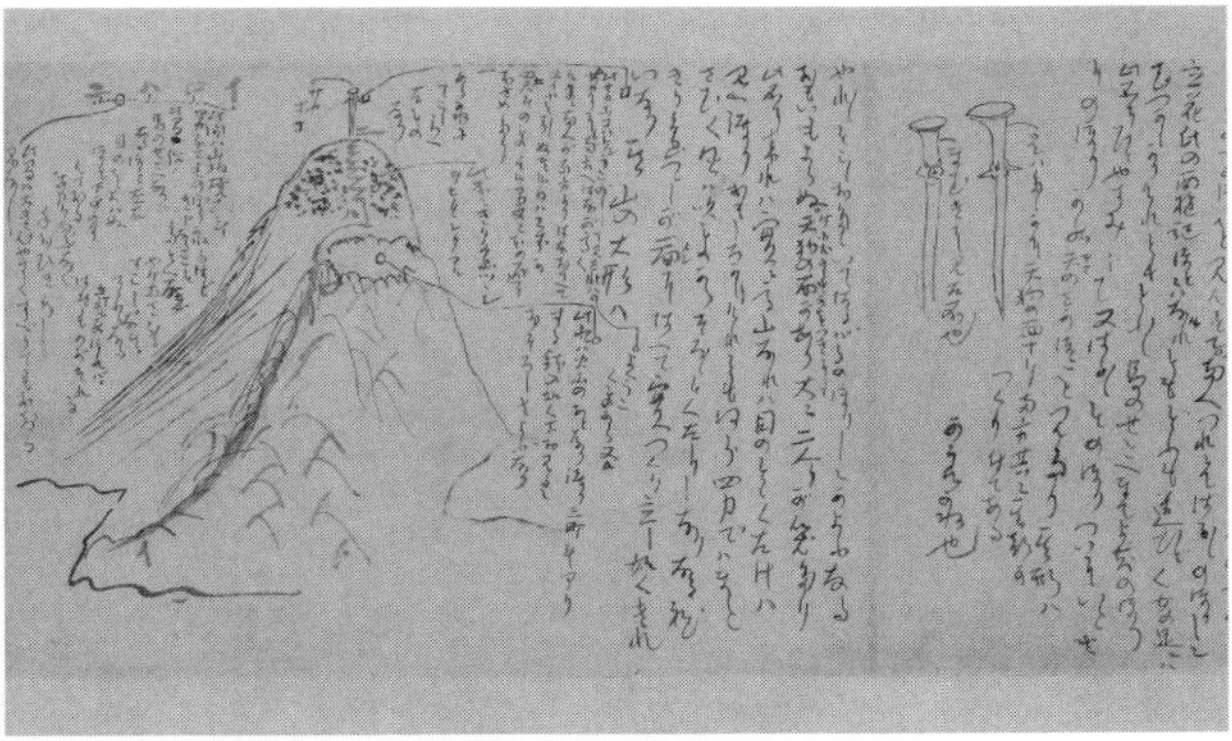

龍馬書簡、姉乙女宛て、慶応２年12月４日付、高千穂峰登山のくだり
（京都国立博物館所蔵）

なお、この薩摩旅行は西洋の風俗に影響された「日本初の新婚旅行」などと言われる。だが、りょうの回顧談によれば二人が京都に於いて内祝言を挙げたのは元治元年（一八六四）八月、すでに二年近く前のことである。旅行の目的も寺田屋で負傷した龍馬の傷療養と、しばらく身を隠すためで、「新婚旅行」といった意識は無かった。

晋作、ついに蒸気船を買う

長崎に着いた高杉晋作は下関に残して来た妻マサに長文の詫び状を書く。自分も鬼ではなく妻子を思わぬことはないが、行きがかりでこんなことになった、勘弁して欲しいとひたすら平身低頭する。また、長男梅之進は祖父である小忠太に似るように育てて欲しいと頼む。

一方、下関で留守を守る愛人うのには人に騙さ

高杉晋作。長崎で撮影された

れぬよう、風邪を引かぬようと気遣い、丹前袷《たんぜんあわせ》の洗濯を頼むなど、仮名交じりの手紙を書くのも忘れない。

晋作は、長崎から薩摩へ赴くつもりだった。だが、薩摩ではまだ長州を敵視する風潮も消えておらず、トラブルを避けるため晋作は長崎出張中の薩摩藩士市来六郎右衛門に藩主父子の書と贈り物を託して、用を済ませる。

それから晋作は伊藤俊輔を連れて上海に渡り、つづいてイギリスに赴こうとした。これは長州を発つ時から、心に秘めていた計画だった。これまでも晋作は何度か西洋に赴き、日本に迫り来る外圧の正体を知りたいと願っていたが、実現していなかった。

長崎滞在中、晋作は上野彦馬写真館で写真を撮っている。着流しに羽織りを着け、椅子に腰掛け、左手に愛刀友安（貞安とも。二尺六寸の長刀）を握る、最も良く知られる晋作の肖像だ。髪形に注目すると髷《まげ》は無く、現代的な七三分けである。以前から、このような目立つ髪形をしていたとは思えない。これもまた、渡英準備のためだったのだろう。晋作はこの写真を妻と愛人の両方に送った。

ところが、広島で行われていた幕府使節との談判の雲行きが怪しくなり、晋作は帰国せざるを得なくなる。

その頃、グラバー商会からオトントーと名付けられた鉄張製、長き一一二尺九寸（約三四・二メートル）、九四トンのイギリス製蒸気船が三万六千二五〇両で売りに出されていた。しかも、かつて上海で見たアームストロングが、三門も搭載されている。

晋作はこれは、来るべき戦いにも必要と判断した。当時長州藩が所有する蒸気船は前年、薩摩藩名義で購入した乙丑丸一隻しか無い。そこで、またも独断で購入契約を結ぶ。

さらに晋作は大胆にも、その蒸気船に乗って四月二九日夜、下関に帰って来る（『久保松太郎日記』）。藩政府では当然、晋作を非難する声も起こったが、木戸孝允や井上聞多の周旋もあり、撫育金《ぶいくきん》（特別会計）での購入が決定した。そして海軍局に帰属し、丙寅丸《へいいん》と改名された。

第7章　戦争

戦争準備

内戦のすえ長州藩は「決死防戦」の決意を固めるに至ったが、戦うのは全人口の一割程度の武士だけではない。残り九割の庶民も巻き込む。士気高揚のため、さまざまなアイディアが捻り出される。

慶応元年（一八六五）七月には、藩内各郡に一カ所ずつ招魂場《しょうこんじょう》を設けよとの法令が出た。招魂場とは後の靖国神社の原型とされる戦死者の霊を祭る施設で、長州藩では元治元年（一八六四）五月に奇兵隊が下関に開いた桜山招魂場（現在の桜山神社）を嚆矢《こうし》とする。こうして藩内各地に二〇カ所の招魂場が設けられ、戦死すれば「神霊」として地域で崇敬されるシステムが築かれてゆく。高杉晋作も桜山招魂場に参り、

「弔むらわる人に入るべき身なりしに弔むらう人となるぞはづかし」

「後《おく》れても後れても又君たちに誓し言《こと》を吾忘れめや」

などと詠み、先に逝った同志たちを悼んでいる。

つづいて一一月、藩士宍戸備後助が著した『長防臣民合議書』と題する一三丁の小冊子を萩や山口で三六万部刷り、藩内全戸に配布する。「皇国一致」のために働いて来た長州藩主に「冤罪」を被せた幕府と戦う理由が、『忠臣蔵』なども例に引きながら仮名交じりの分かりやすい

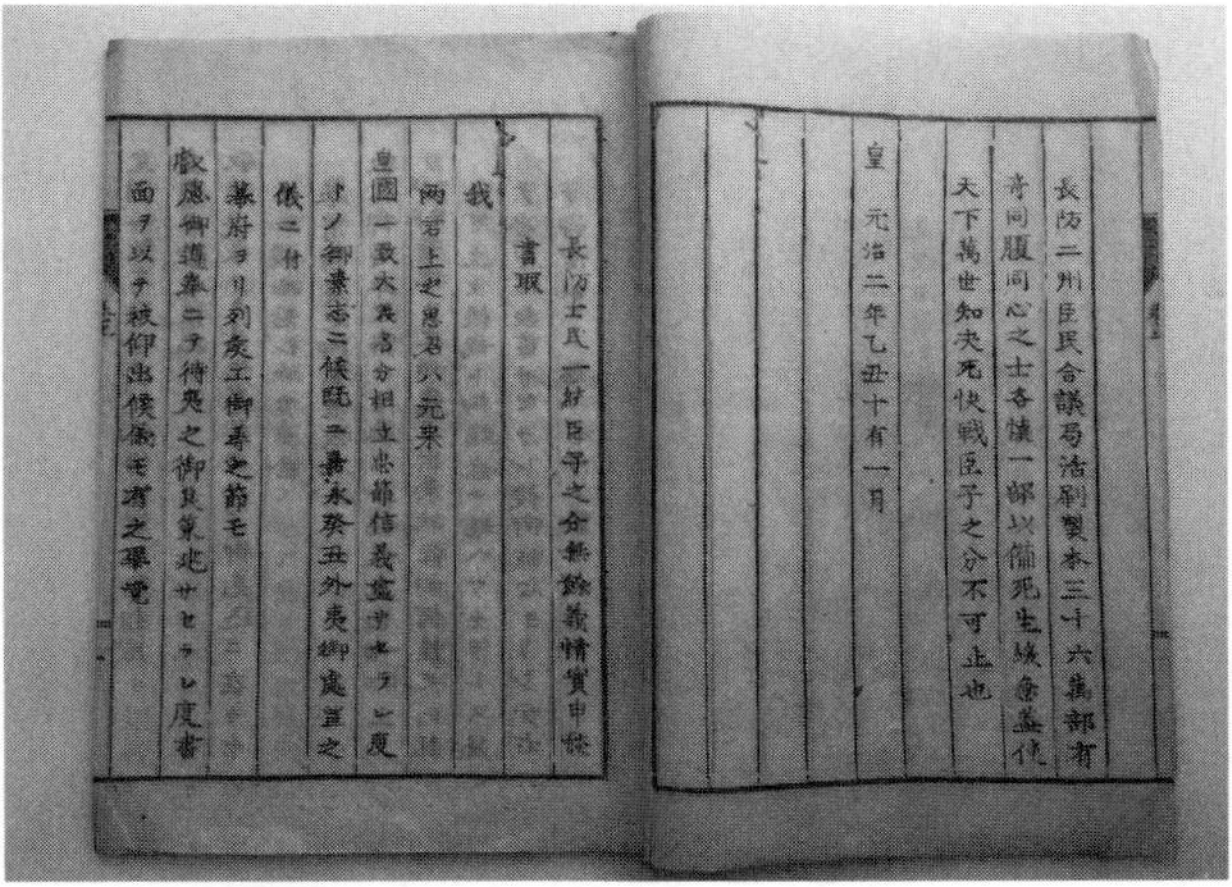
長防二州臣民合議焉活刷製本三十六萬部有
奇同腹同心之士各懐一部以備死生緩急蓋使
天下萬世知決死快戦臣子之分不可止也
皇 元治二年乙丑十有一月

長防士民一封臣子之分無餘義情實申述
書取
我
両君上之思召ハ元来
皇國一致大義名分相立忠節信義盡サセラレ度
ヲノ御素志ニ候既ニ嘉永癸丑外夷御處置之
儀ニ付
幕府ヨリ列藩エ御尋之節モ
叡慮御遵奉ニテ待夷之御見策建サセラレ度書
面ヲ以テ被仰出候儀モ有之畢竟

『長防臣民合議書』（著者蔵）

文章でつづられる。特に最後の部分では、「国内一統、決死防戦、七度《ななたび》人間に生まれ候ても、この御冤罪を晴し奉らずては相済まず」と、楠木正成ばりの「七生滅賊《しちしょうめつぞく》」の決意を求める。印刷物を使って庶民にまで戦争の大義名分を説明して戦意を煽った大名は、幕末の毛利家くらいだろう。

これには坂本龍馬も興味を抱いたようで、木戸孝允に頼んで『長防臣民合議書』を取り寄せている。慶応二年一二月一九日の龍馬宛て木戸書簡には、次のようにある。

「士民合議書先日御噺《はなし》これ有り申し候につき、会議処へ相頼み、二部だけこれ有り申し候由にて差し送り申し候間、これまた御送り申し上げ候。カ様《かよう》のものを御覧に入れ候も、甚だ以て報顔の次第に付、この段御含み遣わされ、猥りに世間へ御示しは御用捨て願い奉り上げ候」

木戸は『長防臣民合議書』を藩内の団結に使い、藩外にはあまり見せたくなかったようである。だが同書は積極的に藩外に広めた者もおり、流布してゆく。

ただ、晋作はこうした藩内でのナショナリズム高揚のような現象を冷ややかに眺めていた節もある。その頃木戸に宛てた書簡に、

「とかく長州人は初め脱兎《だっと》、のち処女の如し。願う所は始め処女、のち脱兎の如くこれありたく頼み奉り候」

と言う。長州人の熱し易く冷め易い気質を、孫子の一節「初め処女、後脱兎」を使って皮肉る。この軽薄な気質のために、何度か煮え湯を飲まされて来た晋作とすれば当然であろう。

しかし晋作は、誰もが兵士になれとは言わない。長州藩が朝敵となったため、日田《ひた》咸宜園《かんぎえん》を退学させられた一八歳の長州の少年を、藩校明倫館で学べるよう手配している。少年は「詩文もかなりに出来……人物余程温順」だが「諸隊の戦士」には不向きだと、晋作は言う（慶応元年一〇月下旬、坂上忠介宛て晋作書簡）。適材適所で人材育成を考えていたことがうかがえる。

ついに開戦

長州処分が勅許されたため老中小笠原長行《ながみち》は慶応二年（一八六六）二月七日、広島に到着し

たが、長州側は処分書の受理を拒み、かわりに自分たちの正当性を主張する嘆願書を出す。幕府側は請書の提出期限を五月二九日と定めたが、長州側からの回答は無かった。このため、幕府は三二藩に出動を命じた。征長先鋒総督の紀州藩主徳川茂承は広島に到着し、小笠原長行は九州方面の監軍となる。

開戦前、中岡慎太郎は高杉晋作を訪ね、その決意を質《ただ》した。晋作は、

「わづか二州（周防・長門。長州藩）の興亡を私《わたくし》し、かかる皇国の大危難を救ひ奉る事あたわず、何の面目が天下の有志に対せし」（「高杉晋作聴取録」『中岡慎太郎全集』平成三年）

と、涙ながらに語った。官僚である晋作もまた、藩という組織よりも日本という考えが萌芽しつつあったことがうかがえる。

また、晋作は「天下を一新」するためには、内戦が必要だと考えるようになっていた。西洋の繁栄を学ぼうとするなら、イギリスやフランスがたびたび内戦を経、ロシアが百戦危機の中から国を立てた歴史を「手本」にするべきだと説いた。日本の弊勢と西洋を単純に比べるのは大間違いの極みだとも言った（中岡慎太郎「時勢論」）。

開戦前、晋作は訪ねて来た長府藩の少年兵たちに、

「慶長の昔関ヶ原の戦に徳川と戦って敗れた毛利藩の歴史を忘れてはならぬ」

と発破をかけ、先師松陰の著作『照顔録《しょうがんろく》』の木版本を与えて激励している。少年の中には後

年、日露戦争の英雄となる乃木希典《のぎまれすけ》もいた（玖村敏雄『吉田松陰の思想と教育』昭和一七年）。二百数十年前の関ヶ原の敗戦は、士気高揚に利用出来る便利な「歴史」だったのだろう。

攻め寄せた征長軍との戦いは大島口・芸州口・石州口・小倉口と国境で行われたため、長州側では「四境《しきょう》戦争」と呼ぶ。近年では「幕長戦争」などとも言うが、幕府の背後にいる天皇の存在を忘れてはならない。

まず、幕府艦隊が六月八日に周防大島を砲撃して上陸し、松山藩兵が続き占領した。一〇日、山口の長州藩政府は応戦を決める。知らせを受けた薩摩藩は薩長同盟に基づき兵一千一〇〇を鹿児島から京都に送り込み、大坂にいる将軍家茂の軍勢を背後から威嚇した。

海軍総督の晋作は藩命を受け、オテント丸こと丙寅丸に乗り組み大島の奪還に向かう。六月一二日深夜、丙寅丸は四隻の幕府軍艦の間を縦横に走り、砲弾を打ち込み、闇の彼方へ逃げ去った。つづいて一五日朝には長州軍四千が上陸して、征長軍を追い払う。こうして長州藩は大島を奪還した。一三日には芸州口、一六日には石州口の戦いの火ぶたが切って落とされる。

龍馬の参戦

最も激しい戦いが展開されたのが、海軍総督高杉晋作が長州軍を指揮する小倉口（九州方面）だった。長州軍は奇兵隊・報国隊など約一千。対する征長軍は小笠原長行を総督として小倉・肥後・久留米・柳川・唐津各藩兵と八王子千人同心など合わせて二万数千から成る連合軍。この戦いに龍馬が加わる。

まだ戦端が開かれていない慶応二年（一八六六）六月一四日、龍馬と社中の面々が乗る乙丑丸（ユニオン号・桜島丸）が、長崎から下関へ到着した。目的は乙丑丸引き渡しと、糧米の返還である。その夜、晋作が龍馬を旅宿の伊勢屋小四郎方に訪ねた（吉村藤舟『郷土物語・一六』昭和九年）。晋作は龍馬に、参戦を依頼する。これは龍馬が後日、家族宛て書簡（後述）に「頼まれ候て、よんどころなく」と述べるように、予定外のことだったらしい。

翌一五日未明、晋作と龍馬は下関沿岸から対岸の門司、田ノ浦を眺めて語り合っていた。狭いところでは数百メートルしかない海峡だから対岸の様子はうかがえる。二人は、

「それに渡らせらるるは、平家の御軍勢と見奉る」

「さん候、こなた知盛（平知盛）の旗本にて候よ」

といった会話を交わしていたと、それを見ていた渋谷甚八翁なる者が語り残している（『郷土物語・一六』）。同じ海峡で行われた源平合戦（壇ノ浦の戦い）に思いを馳せたのか、旧態然とした敵陣の光景をあざ笑っていたのだろうか。武士の時代が始まった戦いの舞台が六百数十年後、奇しくも武士の時代を終わらせる戦いの舞台になろうとしている。

六月一七日の奇襲

小倉口が開戦する直前の慶応二年（一八六六）六月一六日、高杉晋作は勝山御殿に長府藩主毛利元周《もとちか》を訪ねて、報国隊を指揮下に加える許しを貰い、帰途一ノ宮の奇兵隊陣営で山県狂介らと軍議を開く。

同じころ、晋作の紹介状を携えた報国隊斥候兼応接係の品川省吾が、乙丑丸に龍馬を訪ねて来た。だが、龍馬は不在で、後刻そのことを詫び「今より夕方かけ乙丑丸に御待ち申し候間、何卒御来光願い奉り候」と手紙で知らせている。龍馬と報国隊を戦列に加え、作戦の確認が行われたのだろう。

小倉口の戦端が開かれたのは、一七日未明だった。八つ時半（午前三時）、軍艦五隻に乗り組んだ長州軍は、いっせいに関門海峡を渡る。そして丙寅・癸亥・庚申《こうしん》丸は田ノ浦を、乙丑・丙辰丸は門司を艦砲射撃して上陸した。

その時の様子を龍馬は故郷の家族に宛てた手紙（同年一二月四日）に、

「七月頃（六月の誤り）、蒸気船〈桜島といふふね〉を以て薩州より長州え使者に行き候時、頼まれ候て、よんどころなく長州の軍艦を引て戦争せしに、これは何の心配もなく、誠に面白き事にてありし」

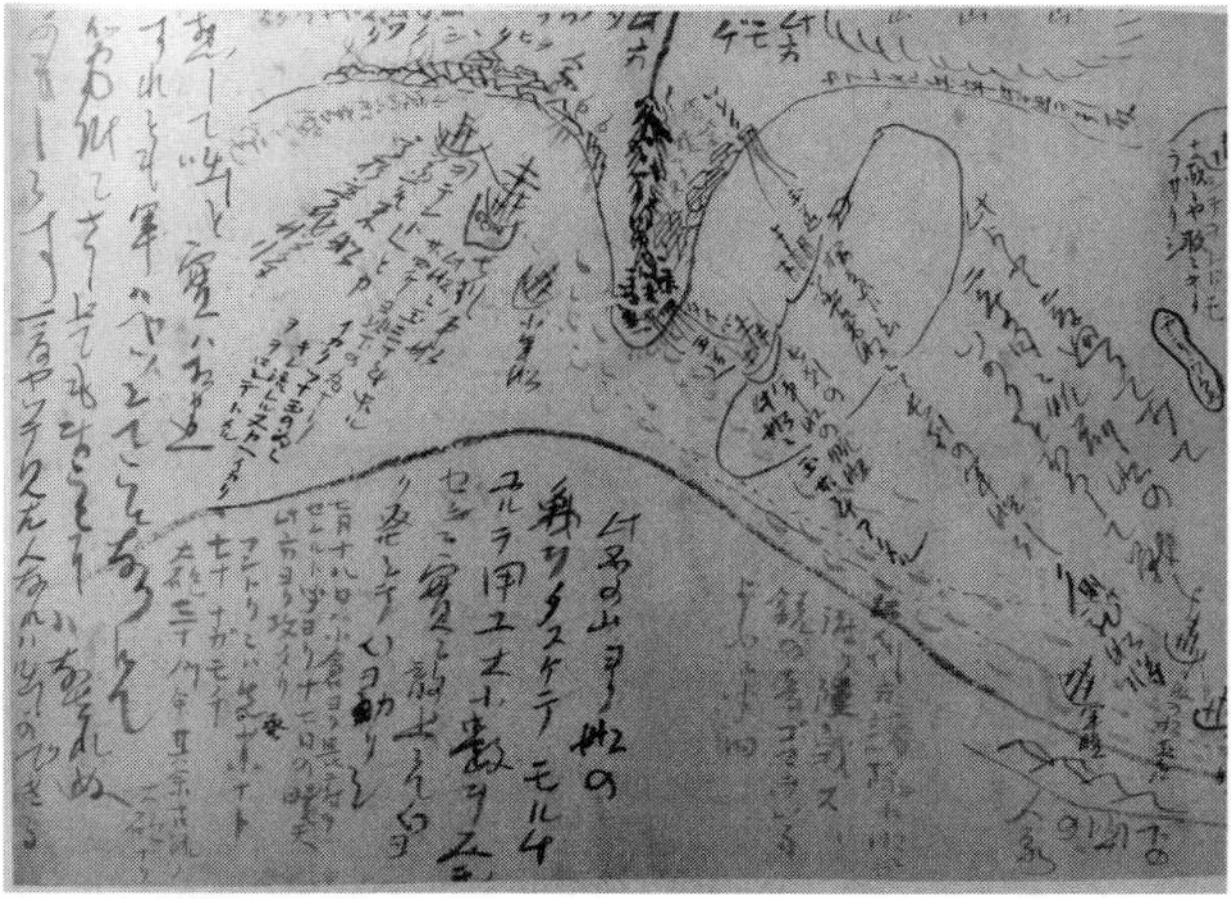
龍馬筆下関海戦図（坂本家蔵）

と知らせている。さらに簡素な海峡の鳥瞰図を描き、対岸を攻撃する長州軍艦五隻の船影にそれぞれ次のようなコメントを添える。

「桜島と云う蒸気船、長州の軍艦を引く、則ち龍（龍馬）船将」（乙丑丸）

「長州の軍船の帆船。この船に弾二十斗《ばかり》り中《あた》る」（丙辰丸）

「小軍艦」（癸亥丸）

「長州軍艦、この船に弾三十斗り中る。二十四ポンド以下の玉なり。碇縄玉のために切れ流れける中、替へ碇をろし止まる」（庚申丸）

「ヲテントと申す蒸気船、高杉晋作船将」（丙寅丸）

龍馬が「船将」の乙丑丸で、帆船の丙辰丸を曳航《えいこう》して海峡を渡ったのだ。つづいて奇兵隊・報国隊の兵士が小船で上陸して散兵戦術で小倉藩兵を猛攻撃し、沿岸を焼き払い、深追いはせずに下関へと引き上げた。龍馬としては初めての実戦経験である。

「惣じて咄《はな》しと実（実際）は相違すれ共、軍《いくさ》は別して然り。これ紙筆に指し上げ候ても、実と成されずかも知れず、一度やってみたる人なれば咄しが出来る……私ども兼ねては戦場と申せば人夥《おびただ》しく死するものと思ひしに、人の拾人も死する程なれば、余程手強き軍が出来る事に候」

などと、先の家族宛て書簡で感想を述べる。まるでゲーム感覚である。

九州諸藩と幕府を切り離す

つづいて晋作と龍馬が行ったのは、九州諸藩と幕府の切り離し作戦である。長州再征に動員された諸藩は、士気が高まらなかった。幕府の斜陽は明らかだし、元来長州藩に恨みがあるわけでもない。膨大な戦費の支出も各藩の台所を圧迫していた。

開戦の頃、晋作が泊まっていたのは下関竹崎の商人白石正一郎の屋敷だが、白石日記、慶応二年（一八六六）六月二〇日の条に、晋作と龍馬が薩摩藩士を介し、九州の肥前・肥後・筑前・久留米・柳川各藩に書簡を送ったとの記述がある。書簡は長州藩の正義を訴え、理不尽な幕府に従わないよう警告する内容だ。この作戦に龍馬が係わったのは書簡を届ける役を薩摩藩士に依頼したからだろう。届けられた書簡のうち、管見の範囲では次の二例が伝わる（『高杉晋作史料・一』）。

ひとつは肥前佐賀藩で、薩摩藩士伊集院兼寛と大山綱良が持参した。晋作の自筆だったという。これを得た佐賀藩内は、動揺する。受け取ったら後患があるやも知れぬからと、翌日薩摩藩士を追いかけ、嬉野《うれしの》あたりで返したという。明治になり、長州の奇兵隊幹部だった林友幸が公務で薩摩を訪れた際、大山から手紙を貰ったとの後日談もある。

もうひとつは肥後熊本藩で六月二一日、薩摩藩士山田孫一郎から久留米藩士本庄三郎左衛門を通じて、届けられたとある。これが、晋作と龍馬が共同で行った最後の仕事だった。以後このふたりは近づいた形跡がない。

龍馬、長州藩主に拝謁

関門海峡での戦争に参加した龍馬は、長州藩庁のある周防山口に向かう。武備恭順を決めて以来、藩庁は再び萩から山口に移っている。文久三年（一八六三）五月より慶応二年（一八六六）一一月まで、他藩人の山口来訪者を記録した名簿の中に、

「　六月二十五日着、七月三日出立　　　　　　　　　　同断（薩摩）

」

とある。龍馬が薩摩藩士として認識されていたのは、注目すべきだろう。先の九州諸藩に薩摩藩を介して書簡を送ったさいも、龍馬が斡旋したようである。龍馬は長州藩にとり、薩摩藩への窓口として重要な人物であった。

龍馬の山口行きの目的は、藩主毛利敬親に拝謁することだった。切腹した近藤長次郎は、かつて二度も長州藩主に拝謁している。雄藩の大名に拝謁するなど、これ程の名誉はあるまい。木戸孝允や高杉晋作の配慮があったのかも知れない。後日龍馬はその時の様子を、「色々と御咄しあり、らしや（羅紗）の西洋衣の地など送られ」たなどと乙女に知らせる。

七月三日、山口を発ち、山陽道の小郡《おごおり》（現在の山口市）まで進んだ龍馬は「下の関は又戦争」と知り、「どひぞ又やじ馬はさしてくれまいか」と思う。

その日の早朝、晋作が指揮する長州軍は再び海峡を渡り、海陸二手に分かれて大里（現在の北九州市門司区）まで攻め込み、征長軍を撃退した。

龍馬は夜通し歩いて四日朝、下関に着く（同年七月四日、木戸孝允あて龍馬書簡）。だが、戦いはすでに終わっていた。この時、晋作と会ったのかは詳らかでない。そして龍馬は薩摩を経て、妻りょうが待つ長崎へと帰ってゆく。

龍馬が晋作を高く評価していたことは、たびたび引用している年末の家族宛て書簡で、「天下の人物」として挙げた次の九名の一人に入っていることからも分かる。
徳川家　大久保一翁・勝安房守
越前　三岡八郎（由利公正）・長谷部勘右衛門（甚平）
肥後　横井平四郎（小楠）
薩摩　小松帯刀・西郷吉之助（隆盛）
長州　桂小五郎・高杉晋作
あらためて龍馬の眼力の確かさに、驚かされる。特に三岡・長谷部は越前福井藩で横井の指導の下、殖産興業により財政を立て直し、文久三年（一八六三）には挙藩上洛計画を進めたため失脚した開明派である。ほとんど世に知られた人物ではなかっただろうが、龍馬はしっかりと注目していた。三岡・長谷部は維新新政府に招かれるが、龍馬が日頃推していたことも影響したと考えられる。

晋作、病に倒れる

龍馬が去った後の慶応二年（一八六六）七月二七日、長州軍は三度海峡を渡り、対岸を奇襲した。だが、今度は小倉城下のはずれ、赤坂の砲台を死守する肥後熊本藩の猛攻撃を受け、長州軍は一〇〇人を越す死傷者を出して一時劣勢となる。

ところが間もなく形勢が逆転した。七月二〇日に将軍徳川家茂が二一歳の若さで、大坂城で病死したのである。その知らせが届くや、小笠原長行は小倉口の陣営を脱し、戦う理由を失った諸藩の軍勢も、それぞれ国もとへ退却を始めた。

孤立した小倉藩は八月一日昼前、みずから城に火を放ち退却し、小倉城下は長州軍によって占領される。以後小倉藩は要地の田川郡香春《かはら》を本拠として、抵抗を続けた。八月二二日に休戦の勅が出ても戦いは続けられ、和議が締結されたのは翌三年一月のことだった。

すぐれた兵器を備え、西洋の近代戦術を習得して、官民ともに士気旺盛な長州軍は各地で征長軍を撃退してゆく。小倉口の他でも芸州口は六月以来、休戦状態で、石州口は七月一八日に浜田藩が止戦講和を申し出ていた。

だが、小倉城が落ちた頃から晋作は体調の不良を訴え、床に伏すようになる。このため八月下旬には戦線を離脱して療養に専念して、以後の指揮は前原彦太郎（かつての佐世八十郎。一誠）が執ることになった。九月二九日、井上聞多宛て書簡では、

「小生事も戦争中風邪に当たり、夫《それ》より肺病の姿に相成り、既に四十日余りも苦臥罷り在り候。当口参謀の任は丸《すべ》て前原へ託し、唯一図に保養のみに日を送り候」

と知らせる。あるいは一〇月二日の木戸孝允宛てでは「少々喀血これ有り候ゆえ、驚き候迄にござ候」と言う。当時は不治の病とされた結核だった。

一〇月になると晋作は下関郊外、奇兵隊の桜山招魂場近くに小屋を建て、愛人うのを連れて移り住んだ。晋作はこの家を「東行庵」とか「捫蝨処《もんしつしょ》」（シラミを潰す所の意）と呼ぶ。亡き同志たちの墓前の落ち葉でも掃き清めながら、静かに余生を送りたいと願う詩を作ったりした。

晋作のカリスマ性

土佐脱藩の田中光顕は天保一四年（一八四三）の生まれ。明治以降は学習院長や宮内大臣などを歴任し、昭和一四年（一九三九）三月二八日、九七歳で没した。天寿をまっとうした、天保生まれの「志士」である。

田中は高杉晋作に師事し、唯一の弟子だったと終生誇りにしていた。田中の持っていた長刀を譲る代わりに、晋作の門下に入れてもらったという。晋作から、

「男子といふものは、困ったといふ事は、決していふものぢゃない」

と戒められたと語り伝えたのも田中である（田中光顕『維新風雲回顧録』昭和三年）。

幕府に占領された大島の奪還に向かった丙寅丸に、田中も乗っていた。その時田中が見た晋作は「甲板《かんぱん》の上で、床几《しょうぎ》によりかゝり、手に軍扇をもって、号令を下してゐた」。田中が「何故、軍服をきないか」と問うや、晋作は、

「鼠賊《そぞく》の船を撃破するには、此の扇骨一本で十分だ」

と答えた。田中は「この元気には、毎度のことであるが、私共も内実敬服した」と述べている。晋作はみずからを演出し、そのカリスマ性を発揮する男だった。実は「元気」どころか、病弱で体調がすぐれぬことが多いのだが、特にそのような姿を見せまいとした。敵を恐れる気配も見せず、普段着のまま戦場に立つから、強烈なイメージが出来上がってゆく。

龍馬もまた慶応二年（一八六六）一二月四日、家族に宛てた書簡で、戦場を飄々と駈けめぐる晋作の姿を次のように知らせる。

「高杉晋作は本陣より錦の手のぼり（錦の小旗）にて下知《げち》し、薩州の使者村田新八と色々咄などいたし、へたへた笑いながら気を付けて居る。敵は肥後の兵などにて強かりければ、晋作下知して酒樽を数々かき出して、戦場にて是を開かせなどしてしきりに戦わせ、とふ〳〵敵を打ち破り、肥後の陣幕旗印抔《など》残らず分取りいたしたり」

戦場で笑いながら酒樽を開け、兵士を鼓舞し、戦わせる晋作はカリスマ的な魅力の持ち主だったことが分かる（もっともこれは龍馬が参戦していない七月二七日の戦いの一場面の可能性があり、伝聞かもしれない）。

孝明天皇崩御

長州再征の激戦が繰り広げられている頃、大坂や兵庫、江戸などで大規模な一揆や打ち壊しが起こり、幕府を苦しめた。長期にわたる将軍の大坂滞在や、諸藩による戦争のための米買い占めが、物価高騰につながったのである。

病死した将軍徳川家茂の後継最有力候補は、禁裏守衛総督を務める一橋慶喜だった。だが慶喜は徳川宗家の相続は承諾したものの、セットになっている征夷大将軍職を当初、引き受けようとはしなかった。政敵が多い慶喜とすれば、周囲の支持を少しでも多く集めた上で、将軍の椅子に座ろうとの腹積もりだったのだろう。

「禁門の変」以来、長州藩に対する強硬な態度をとり続けた慶喜は幕府の軍勢を率い、みずから陣頭に立ち、「長州大討ち込み」で山口へ突入すると豪語した。そのため参内して孝明天皇の節刀まで受けたが、出発直前に小倉城が落ちたとの情報に接して弱気になる。今度は勅を得て休戦に持ち込もうとした。

幕府が正式に家茂の喪を発したのは慶応二年（一八六六）八月二一日で、翌二二日には将軍の死を理由に当分長州再征を中止するとの勅が出る（『孝明天皇紀・五』昭和四四年）。

そして慶喜はこの勅を長州藩に伝える使者として、この年五月に一年半ぶりに謹慎を解かれた勝海舟を起用した。海舟は木戸孝允はじめ長州側にパイプがあったからである。

九月二日には芸州宮島の大願寺において海舟と長州藩士広沢兵助（藤右衛門、真臣。かつての波多野金吾）・井上聞多・御堀《みほり》耕助《こうすけ》（かつての太田市之進）らとの間に談判が行われた。海舟は無条件停戦を求め、徳川家を相続した慶喜が政治を一新し、諸大名を大坂に集めて衆議により長州処分を公正に行う旨を伝えた。だが長州側は強硬で、結局は休戦し、征長軍が撤退の際は追撃しないとの約束が交わされて談判は終わる。休戦と言えば聞こえがよいが、実際は長州側の勝利だった。帰京した海舟は一二日、慶喜に謁見して長州処分は公平至当を要すると復命し、一〇月に江戸へ帰った。

勝海舟

当時龍馬は長崎にいたが、海舟の動きを注視していた。九月一八日付と見られる大村藩士渡辺昇宛て書簡には、確かではないが海舟が宮島談判後、肥後へ向かうとの情報があると記す（誤情報だが）。恩師である海舟を相手に戦いたくはなかったようである。

「僕は房州（海舟）には、非常に恩顧を受けて居るから、之を敵とする事は出来ぬ」（『勤王秘史佐々木老侯昔日談』）

と語っていたともいう。だが九月一九日に幕府は撤兵を布告し、海舟もついに戦場には出て来なかった。

慶喜が正二位権大納言に進み、征夷大将軍の座に就いたのは一二月五日である。一五代将軍徳川慶喜の誕生だ。以前から孝明天皇は慶喜をあつく信頼していた。ところがそれから二〇日後の一二月二五日、孝明天皇が三六歳で急逝する。天皇は攘夷論者だが幕府には好意的だった。長州嫌いの天皇の崩御は、長州復権の問題と深く係わって来るのは言うまでもない。

龍馬と長府藩

長崎に帰った坂本龍馬を待ち受けていた問題は、社中の経営難だった。薩摩藩から預かったワイルウェフ号は五島列島沖で沈没し、桜島丸こと丑乙丸も長州藩に引き渡したから、龍馬は陸の河童状態になってしまう。水夫にも暇を出すが、残りたいと希望する者もいて、その処遇がなかなか難しい。

すでに薩摩藩の近代海軍は充実し、長州藩との和解も一応終わった。龍馬のような草莽が藩から重宝されて奔走する時代は、終わろうとしている。そこで龍馬は、みずから活路を開く必要が生じて来た。

慶応二年(一八六六)一一月には関門海峡を牛耳り、薩長共同出資の商社を設立するという話が起こり、龍馬も一枚嚙む。ところがこの計画は議定書まで作られたにもかかわらず、長州藩主が拒否したため、流れてしまった。

またも困窮する龍馬に手を差し伸べたのは、長州支藩の長府藩である。長府藩は毛利元就の四男元清の子秀元を藩祖と仰ぎ、長門豊浦郡一帯を領していた。特に、国内貿易の拠点として栄えていた本州最西端の下関（馬関・赤間関）の大半を領していたから、萩の宗藩との間に利権をめぐるトラブルが度々起こったりした。

長府藩は海軍創設を考えており、慶応二年一一月には上海でイギリス製の蒸気船軍艦（一一六トン）を購入し、「満珠丸《まんじゅ》」と名付けて重臣の三吉周亮《しゅうすけ》を艦長とする。だからこそ龍馬と社中の面々を指導者として確保しておこうと考えたようだ。龍馬は慶応二年七月二八日、長府藩士三吉慎蔵宛て書簡で、「今、御藩海軍を開き候えば、この人数をうつしたればと存じ候」と泣きつく。あるいは三吉が、一肌脱いだのかも知れない。

こうして龍馬は慶応三年一月頃より、長州藩側の承諾を得て下関に本拠を移し始める。寓居となったのは、旧知の大年寄伊藤助太夫の屋敷である。伊藤家は下関阿弥陀寺《あみだいじ》の関門海峡に面した地に、二千坪の屋敷を構えていた。

龍馬が使ったのは広大な屋敷内の小門に近い部屋で、「自然堂《じねんどう》」の号があった。以後龍馬はみずからを「自然堂」と号す。また、「才谷梅太郎」の変名も用いる。坂本の本家で豪商の「才谷屋」にちなんだのだ。梅は百花に先駆けて咲く花として、高杉晋作も好み「谷梅之助」と変名した時期があったほどだ。龍馬の変名が、晋作に対するオマージュだったかは分からない。

りょうとの日々

つづいて長崎に出かけた龍馬は慶応三年（一八六七）二月一〇日、妻りょうを連れて海路下関に戻って来た。三吉慎蔵には「家内のおき所にこまりしよし、やむをえず同行したり」（二月一六日）と知らせ、りょうの生活費などのルールも決めている。下関で自分の家庭を築こうと考えたらしい。こうして龍馬はしばしの間、りょうと二人で安らぎの時間を過ごす。

りょうはこの頃のことを後年回顧しているが、子供じみた悪戯もやっている。ある夜、龍馬とりょうは海峡に浮かぶ巌流島《がんりゅうじま》に小舟で漕ぎ着け、島へ上陸して花火を上げた。帰って来ると三吉たちが「いままさに向うの島で妙な火が出たが、なんだろう」と不思議がっていたという（『わが夫 坂本龍馬』）。

伊藤家で催された三月の歌会に夫婦揃って出席し、龍馬が詠んだ、

「こゝろからのどけくもものか野べはなお 雪げながらの春風ぞふく」

が第二席に選ばれたこともある。龍馬は漢詩はつくらなかったが、和歌は幼少の頃から『古今集』の系統を学んでいたとされ（『龍馬の手紙』）、十数の詠草が伝わっている。

あるいは下関の色街稲荷町で遊んだ龍馬が、朝帰りしてしまったことがあった。怒ったりょうは、口もきいてくれない。そこで龍馬は床の間の三味線を取って弾き、都々逸《どどいつ》を唄い始める。

「こい（恋）わしあん（思案）のほかとやら、あなど（穴門＝長門）のせとのいなりまち（稲荷町）、ねこもしゃくしもおもしろふ、あそぶくるわ（郭）のはるげしき、ここにひとりのさるまはし（猿回し）、たぬきいっぴきふりすて丶、義理もなさけもなきなみだ、ほかにこ丶ろはあるまいと、かけてちかいし山の神、うちにいるのにこ丶ろはやみぢ（闇路）、さぐりて、いでて行」

「猿回し」が龍馬で「たぬきいっぴき」「山の神」がりょうのこと。さすがにこれにはりょうも破顔したと、傍らで見ていた長府藩士梶山鼎助《かじやまていすけ》が後年語っている。結局龍馬は三月下旬まで二カ月近くもの間、下関の自然堂でりょうと共に過ごした。

ただ、ひとつ疑問なのは、この頃下関の西側で最期の時を迎えようとしている高杉晋作を、龍馬が見舞った形跡が無いことだ。たとえば中岡慎太郎などは日記によれば慶応三年三月二〇日に九州方面から下関に立ち寄り、真っ先に龍馬と会い、翌二一日、晋作のもとを訪れている。もっとも晋作の病が重く、会えなかった。

下関滞在中、龍馬が長府藩の同志である三吉慎蔵や印藤聿《のぶる》（豊永長吉）にあてた書簡を見ても、晋作の名は出て来ない。りょうの回顧談も、晋作の話題には触れない。

無論史料が無いからと言って、見舞っていない、気にかけていないとは言い切れない。ただ、あくまで武力による政権交代に固執する晋作と、それよりも柔軟な思考を持っていたであろう龍馬との間には埋め難い何らかの溝が出来ていた可能性は否定出来ない。

高杉晋作の死

高杉晋作が慶応二年（一八六六）一二月二四日、下関の病床から父小忠太に宛てた手紙では、萩にいる長男梅之進の成長を喜び、

「此の一事私儀大不幸中の一幸、是又御先霊神明の御影《おかげ》とかねがね落涙罷り在り候」

と述べる。「不幸」は「不孝」の意味だろう。晋作は父の反対を押し切って、危険な政治運動に身を投じたことを、最期まで後ろめたく思っていたのだ。しかし高杉家は継げなかったにせよ、一人息子により血筋を残せたことは、唯一の孝行であり、これも先祖のお陰だと涙するのである。同じ手紙に晋作は、

「人は人吾は我なり 山の奥に棲てこそ知れ世の浮沈《うきしずみ》

歳暮の誹歌《ひか》

已惚《うぬぼ》れで世は済《すみに》けり歳の暮」

の歌を添えた。病身のため激変する情勢に取り残されてゆく寂しさが伝わる。見舞いに訪れた同志に向かい、「ここまでやったから、これからが大事じゃ。しっかりやってくれろ、しっかりやってくれろ」と繰り返し遺言していたとの話も残る（『日本及日本人・六七七号』大正五年）。

晋作の墓を案内する梅処（うの）。右から２人目（著者蔵）

同じ頃、晋作は父や家族のため、山口の茶臼山《ちゃうすやま》に家を建て贈ろうとした。すでに長州藩政の中心は、萩から山口に移っていた。この家が完成したのは晋作没後で、家族は明治一〇年（一八七七）、東京に移り住むまで暮らした。

また、ある時は見舞いに来た野村望東に、

「面白きこともなき世に面白く」（「世を」とするのは後世の改作と思われる）

と上の句を示した。これに対し望東は、

「すみなすものは心なりけり」

と、下の句を続けた。晋作にとり、面白くない世の中だったのかもしれないが、それは心掛け次第だと、六一歳の望東は諭したのだろう。

かつて晋作の九州亡命を助けた望東は慶応元年、福岡藩の勤王党弾圧に連座し玄界灘姫島に流されてしまった。だが慶応二年九月、晋作の意を受けた藤四郎や数名の奇兵隊士に救出され、下関に迎えられた。そして翌三年一一月一六日、三田尻で没することになる。

慶応三年二月（三月とも）、晋作は病室を桜山から下関新地の林算九郎方の離れに移した。藩は三月二九日、晋作を初代とする谷家に一〇〇石を与え、大組に列し、その功に報いようとする。この頃、晋作は、

「太閤も天保弘化に生れなば　何もへせずに死ぬべかりけり」

とも詠んでいる。太閤は豊臣秀吉だが、時代が人を育てることを晋作は自覚していた。幕末動乱の中に立たされたからこそ、「高杉晋作」は生まれたのだ。

両親や妻子が萩から駆けつけた時は、かなり病状が悪化していたようだ。そして慶応三年四月一三日、息を引き取った（命日は一四日）。亡くなったのは深夜、午前二時頃と推察される。誰が看取ったのか、臨終の様子は分かっていない。

悲願であった長州藩の復権をその目で見ることは出来なかった。松原音三が楫取素彦《かとりもとひこ》に宛てた書簡によると、晋作は亡くなる少し前、薄らぐ意識の中で、「船はいずれへ着き候か……百姓の蜂起気にかゝり、山口へただ今より出浮《しゅっぷ》候」とうわ言をもらしたという（『楫取家文書・一』昭和六年）。民衆を軍事力として利用しながらも、最期までそのエネルギーの勃興に戸惑い続けていたのだろう。

一六日、遺骸は遺言により奇兵隊陣営の置かれていた厚狭《あさ》郡吉田村（現在の下関市）の清水山中腹に土葬され、神式の葬儀が営まれた。愛人うのは剃髪し、「梅処《ばいしょ》」と号する僧になり、晋作が遺した谷家を継ぐ。そして清水山の麓に建てられた東行庵で明治四二（一九〇九）年八月七日、六七歳で没するまで晋作の菩提を弔い続けた。

第8章　王政復古

土佐藩の変化

中岡慎太郎は長州藩内戦が落ち着いた頃著したと見られる『時勢論』の中で、

「今より以後、天下を興《おこ》さん者は必ず薩長なるべし。吾思ふに天下近日の内に二藩の命に従ふこと鏡に掛けて見るが如し」

と、薩長の天下を早くも予見しているが、幕府が長州再征に失敗するや、そのような空気は一層濃くなった。土佐藩は山内容堂が中心となり、挙藩勤王を唱える武市半平太ら勤王党を厳しく弾圧するなど、幕府寄りの保守的な路線を進めて来たが、考えを改めざるをえなくなる。

まずは情報収集にかかり、佐々木高行ら上士三名と下士三名が四国・中国・九州辺探索を命じられて慶応二年（一八六六）九月二三日、主目的地である太宰府を訪れた。佐々木らは五卿護衛の土方久元ら土佐浪士から、最新情勢を聞かされ驚く。佐々木は「夫で始めて薩長連合の由来や、戦争の経過等を詳にすることが出来た」と、後年回顧する（『勤王秘史佐々木老侯昔日談』）。

龍馬もまた、このままでは土佐藩が時流に取り残されると危惧していた。一一月（日付不詳）、かつて共に江戸で剣術修行した土佐藩の溝渕広之丞《みぞぶちひろのじょう》に宛てた書簡には、「数年間東西に奔走し、しばしば故人（土佐人）に遇って路人の如くす。人誰か父母の国を思はざらんや」などと、望郷の思いを吐露する。

坂本龍馬・溝淵広之丞合作下関戦図（高知県立歴史民俗資料館蔵）

土佐藩重役の後藤象二郎は前年七月から長崎に出張し、物産品の輸出や武器・軍艦の購入に当たっていた。後藤の意を受けた溝渕は、土佐藩が龍馬や長州藩サイドへ接近するため奔走する。こうして龍馬は一二月中旬頃、山口で溝渕を木戸孝允に引き合わせた。おそらくは絶えていた土佐・長州藩の関係修復が話し合われたのだろう。

龍馬と後藤象二郎

慶応三年（一八六七）一月一四日、長崎から龍馬が木戸孝允に宛てた書簡には、

「其の節、溝渕広之丞に御申し聞き相願い候事件を、同国の重役後藤庄次（象二）郎いちいち相談候より余程夜の明け候気色、重役共又密《ひそ》かに小弟にも面会つかまつり候ゆえ、十分論じ申し候」

と知らせる。ひそかに重役と「面会」したとい

後藤象二郎

うが、これは長崎での後藤象二郎との会見を指すのだろう。書簡は「此の頃は土佐国は一新の起歩相見へ申し候」と続き、

「今年七、八月にも相成り候へば、事により昔の薩長土と相成り申すべしと相楽しみ居り申し候」

とも言う。文久の頃、久坂玄瑞・樺山三円・武市半平太らが進めた草莽の「横議横行」を、藩という巨大組織の単位で行う日が近いと考えるのである。

後藤は天保九年（一八三八）生まれで吉田東洋を義叔父に持ち、かつて大監察として土佐勤王党を弾圧して山内容堂の信任を得た。社中からすれば仇敵で、後藤の長崎滞在を知るや仇討ちを叫ぶ者もいたという。

後藤との会見を終えた龍馬は、社中の同志からその人物について尋ねられた。龍馬は後藤が過去につき一言も触れず、前途の大局しか話さなかったこと、酒席で話題をつねに自分に引き寄せることを挙げ、「近頃土佐の上士中に珍しき人物ぞ」と絶賛したとの逸話がある（『維新土佐勤王史』)。

後藤と龍馬が手を結び、土佐藩の進路が新しい局面を見せることになった。

海援隊誕生

後藤象二郎との会見により、龍馬の土佐藩への復帰が現実化する。同じ頃、大監察の福岡藤次(孝弟《たかちか》)と小笠原唯八は長州の庇護を受け、五卿護衛を務めて来た中岡慎太郎に接近した。

そして慶応三年(一八六七)二月、龍馬と中岡の父兄が藩に呼び出され、赦免が申し渡される。つづいて四月、龍馬は海援隊、中岡は陸援隊のそれぞれ長に任ぜられた。

海援隊は龍馬をリーダーとする社中をベースにした組織である。他の面々も海軍修業を続けても良いことになった。これらの変化につき龍馬は四月二八日、社中の菅野覚兵衛・高松太郎宛て書簡に、

「西郷吉(之助=隆盛)が老侯(山内容堂)にとき(説き)候所と存じ候。福岡藤次郎此の儀お国(土佐)より以て承り申し候」

と知らせている。龍馬の復帰は西郷隆盛が山内容堂を説き、実現したのだと福岡から聞かされたという。

西郷は二月一六日、土佐高知を訪れ、容堂に上京するよう求めた。容堂の他、島津久光・松

平春嶽・伊達宗城を京都に集め四侯会議を開き、長州処分と兵庫開港につき話し合おうというのだ。その際、西郷は薩摩藩の中では役目が終わりつつあった龍馬や社中を、土佐藩に引き渡そうとしたのではないか。龍馬の人脈や渉外能力は、これからの土佐藩にとっては大いに役立つはずである。容堂がどのような返事をしたのかは不明だが、後藤との会談に西郷の援護射撃が加わり、龍馬の土佐藩復帰が実現した。

海援隊の「約規」は全五条から成るが、その第一には、

「おおよそかつて本藩（土佐藩）を脱する者及び他藩を脱する者、海外の志ある者、此の隊に入る。運輸、射利、開拓、投機、本藩の応援を為すを以て主とす。今後自他論なく、其の志に従って撰んでこれを入る」

とある。武士の組織なのに「射利」を堂々とうたっているのも、斬新だ。六月二四日、龍馬が乙女、おやべ（乳母）に宛てた書簡には、「私は諸生五十日斗《ばか》りはつれており候得ども、皆一稽古も出来候ものにて、共に国家の咄しが出来候」とあり、その規模がうかがえる。

乙女よりの非難

同じ乙女・おやべ宛て龍馬書簡によると、乙女は「利をむさぼり、天下国家の事をわすれ候」「御国の姦物役人にだまされ候」の二点から、龍馬を非難した。これらに対し龍馬は、ま

ず一点目を次のように弁明する。

「およばずながら天下に心ざしおのべ候為とて、御国よりは一銭一文のたすけおうけず、諸生の五十人もやしない候得ば、一人に付き、一年どふしても六十両位は、いり申し候ものゆへ、利を求め申し候」

土佐藩より経済的に自立せねばならず、稼がねばならぬというきわめて現実的な理由である。二点目に対しては、

「中にも後藤は実に同志にて人のたましいも志も、土佐国中で外にはあるまいと存じ候……私一人にて五百人や七百人の人お引いて、天下の御為《ため》するより二十四万石を引きて、天下国家の御為致すが甚だよろしく、おそれながらこれらの所には、乙様の御心には少し心がおよぶまいかと存じ候」

と、まず後藤に対する誤解を解くため絶賛し、続いて土佐藩という大組織を背景とした方が、個人よりも遥かに大きな仕事が出来るのだと言う。

ただ、海援隊・陸援隊はこの段階では土佐藩公認の直属ではなく、遊軍的な立場であった。例えば容堂側近の寺村左膳は日記慶応三年（一八六七）九月一四日の条で、いわゆる「いろは丸事件」で海援隊が紀州藩相手の賠償交渉で勝利したことに触れ、

「是れ全く本藩（土佐藩）にはしらず、素より海援隊なるものも本藩の物にこれ無く、聊《いささか》も関

係これ無き訳なれども、彼等は土州藩の名義を以て談判せるよし」

などと述べている。上層部は海援隊と土佐藩とは無関係と見て、名義が使用されたことに不快感を抱くのだ。藩公認の組織であれば、このような非難はされまい。

両隊とも入隊資格を脱藩者に限定しているから、藩士ではない。「陸援隊約規」は「出京官に属す」とあり、「海援隊約規」は「今後海陸を合わせ号して翔天隊《しょうてんたい》と云はん」とある。その帰属は中途半端で、察するに海援隊は長崎の後藤象二郎、陸援隊は京都の福岡藤次が自らの権限の中で急ごしらえした非公認の組織だったのだろう。いずれ、正式に藩直属とするつもりだったのであろうが、そうなる前に明治維新の混乱の中で消滅してしまった。

海援隊の人材育成

海援隊は「射利」をうたい商社的性格を持っていたが、「海援隊約規」の後半には、

「おおよそ隊中修業分課、政法・火技・航海・瀛機・語学等の如き、其の志に随ってこれを執る。互いに相勉励、敢えてあるいは懈《おこた》ること勿《なか》れ」

の一条があるように、教育機関を目指したことも見逃せない。勝海舟の海軍塾の塾頭だった龍馬は、師が果たせなかった夢を海援隊で実現しようと考えたのだろうか。

長州の支藩である長府藩は海軍を創設すべく、慶応二年（一八六六）一一月に木造蒸気船を

購入して軍艦満珠《まんじゅ》丸とし、若い藩士を海援隊に送り込んで来た。

慶応三年五月五日、三吉慎蔵あて龍馬書簡によれば長府藩士福田扇馬・印藤猪作・荻野隣太郎・羽仁常の四名が土佐藩士名義で海援隊で修業することになったと知らせる。この頃、龍馬は「いろは丸事件」の賠償問題がこじれて、命の危機に瀕していた。それでも「国を開くの道」として人材育成の重要性を、同じ三吉あて書簡で次のように力説する。

「故に小弟（龍馬）が命も又計られず、されども国を開くの道は、戦するものは戦ひ、修行する者は修行し、商法は商法でも名々かへり見ずやらねば相成らず事故、小弟出崎（長崎に出た）の上は諸生の稽古致す所だけはしておき候まま……」

龍馬の教育者としての自負であろう。この時、海援隊で修業することになった印藤猪作は、龍馬と親交があった印藤聿の息子である。龍馬は五月八日、父の印藤あて書簡で次のように述べ、安心させようと気遣う。

「御子息猪（印藤猪作）先生御来崎、誠によき思し召しにて、小弟（龍馬）らも成るだけは尽力御せ（世）話つかまつり候」

満珠丸乗組士官白石久之助（難波舟平）の回顧談『満珠艦の顚末及び帝国海軍の発達に貢献せる事業』（下関市歴史博物館蔵）によれば「（長府藩士に）航海術を伝習したるは、土佐の海援隊の士、関斧介」だったとある。「関斧介」は海援隊主要メンバーのひとり「関雄之助」である。

龍馬とともに脱藩し、海舟の門で数学や航海術を学んだ沢村惣之丞の変名だ（寺石正路『土佐偉人伝・増補改訂版』大正一〇年）。

また、長府藩出身の桂弥一の回顧談『集童場に関する桂弥一翁懐旧談の大要』（昭和三年）によると、先述の者以外に吉見九郎・服部潜蔵・伊藤常吉・蔵田和三郎・安野正太郎が海援隊で学んだとあるから、長府藩は少なくとも一〇名ほどの藩士を送り込んだようである。中でも伊藤は維新後、海軍軍人の道を進み、明治三五年（一九〇二）には海軍少将に進み、同四四年一二月二日に六三歳で没した。

上海渡航の謎

海外渡航は龍馬の夢だった。文久三年（一八六三）八月一九日、親戚の川原塚茂太郎宛て書簡には「勢いによりては海外も渡り候事もこれ有るべき」と述べる。また、龍馬と長崎や鹿児島開成所で会ったという肥後の脱藩浪士木曽源太郎の回顧録『維新志士回瀾余滴』（未刊）には、

「（龍馬は）夫《そ》の戦争（長州再征）を仕舞ったら洋行をすると言って居ったのである。故に航海熱心の人物と私は見受ける」

と語っている。では、龍馬は一度でも海外に行けたのだろうか。

この件につき維新後、長府毛利家で編纂された『四士履歴』『旧臣列伝』（いずれも下関市立

歴史博物館蔵）に、龍馬が長府藩士福原和勝《かずかつ》とともに清朝中国の上海に渡航したとの記述がある。『四士履歴』の福原和勝の項には、

「この月内旨を承《う》けて土州坂本良馬とともに上海に密航し、外国の事情を探索尋ねて復命す」とある。『旧臣列伝』もほぼ同内容だが、「和勝洋行の志を抱くに至るは、蓋《けだ》しここに始まると云う」とつづく。事実、福原は明治二年（一八六九）にロンドンに留学して五年帰朝、六年陸軍大佐となるも西南戦争で負傷し、明治一〇年三月二三日、三二歳で他界している。

さて、上海渡航した「この月」とは前後の文章から見て慶応三年（一八六七）三月か四月だろう。三月下旬、福原は同藩士の大庭伝七・熊野直介らと情報探索のため長崎に派遣されている。一方、龍馬も三月から四月初旬までは長崎に滞在していた。

山田一郎『海援隊遺文』（平成三年）によると、龍馬が後藤象二郎から旅費を得、上海渡航したとの話が高知で語り継がれていたという。『木戸孝允日記』明治二年（一八六八）五月二四日の条には「（中島）作太郎の僕、支那人、曾《かっ》て坂本龍馬上海より買得て帰るものと云《いう》」と、龍馬が上海から従僕を連れて帰ったと読める記述がある。あるいは妻りょうの回顧談には長崎生まれの「支那人」の子を雇い、「春木和助」と改名させたという話が出て来る。

当時長崎・上海間は条件にもよるが、一〇日間ほどで往復可能だったようだ。ならば、龍馬の上海渡航は日程的には不可能ではないかもしれないが、いまのところ決定的な史料にはお目

にかかれていない。高杉晋作に後れること五年、西洋列強に支配される上海を龍馬が見たとしたら、何を思ったであろうか。

いろは丸事件

海援隊の初仕事は大洲藩から一航海一五日、五〇〇両でチャーターした蒸気船いろは丸（一六〇トン、四五馬力）による長崎から上方までの荷物運搬だった。海援隊士が航海を行い、龍馬も便乗した。ところが慶応三年（一八六七）四月二三日午後一一時、深い霧の中、いろは丸は瀬戸内海、備中六島《むしま》海域を航海中、紀州藩艦明光《めいこう》丸（八八〇トン、一五〇馬力）と衝突し、沈没してしまう。いろは丸の乗組員三四名は明光丸に収容され、ひとまず鞆《とも》ノ浦（現在の広島県福山市）に上陸する。

事件をめぐる鞆ノ浦での談判は、一旦物別れに終わった。つづきは五月一五日から、土佐藩代表後藤象二郎と紀州藩代表茂田一次郎との間で行われる。海援隊側からは龍馬ら八名（七名とも）、明光丸側からは船将高柳楠之助ら八名が陪席した。

紀州藩としては徳川御三家の威光にかけて、負けるわけにはいかない。長崎奉行所にも手をまわし、有利に進めようとする。一方の海援隊も五万三千両以上の損害がかかっているから、やはり負けるわけにはいかない。龍馬はいろは丸と灯火の問題や、明光丸の右舷に破損が多いなど、自分たちには不利になる事実は極力隠して、相手の非を責め立てた。その上、「船を沈めたそのつぐないは、金を取らずに国を取る」といった物騒な歌を町で流行させたともいう。龍馬は五月一七日、下関の商人伊藤助大夫あて書簡で、

「船の争論は私思うよう相はこび、長崎に出候土佐人だけは、みな兄弟の如く必死にて候間、誠におもしろき事、たと(例)うるものなし」

などと、余裕を見せて報じている。その際、龍馬が『万国公法』を使い紀州藩を追い詰めたと言われるが、これは後世の創作だ。『万国公法』に海上衝突予防関係の規定は無い(鈴木邦裕『いろは丸事件と竜馬』平成二二年)。何度かの折衝後、紀州藩は薩摩藩士五代才助に調停を依頼し、結局紀州藩が七万両の賠償金を支払うことで決着がつく。

龍馬は五月二八日、妻りょう宛ての書簡で「なにぶん女のいゝぬけのよふなこと」で逃げ腰の紀州側を、後藤と共に「十分にやりつけ候より、段々議論」が始まったなどと知らせている。晋作は妻に仕事の具体的な様子を書き送ることは無かったが、龍馬は平気である。三人の姉に可愛がられて育った龍馬の中で、女性は対等な同志でもあったのだろう。

なお、談判の席で龍馬は武器を積んでいたと主張した。もっとも昭和六三年(一九八八)から翌平成元年(一九八九)にかけ、沈没したいろは丸の本格的な調査が行われたが、武器らしきものは見つからなかったという。

兵庫開港と武力討幕

孝明天皇は慶応元年（一八六五）一〇月、幕府が欧米諸国との間に締結した条約に勅許を与えた。これで、勅許無しの開国を行ったと、幕府を非難することは出来なくなる。ただ一点、天皇は兵庫開港だけは認めなかった。そして翌二年一二月二五日に崩御してしまう。

列強と幕府が約束した兵庫開港の期限は一八六八年一月一日、和暦なら慶応三年一二月七日である。さらに半年前に布告が必要だから、六月七日までに勅許を手に入れなければならない。

慶応三年一月九日に践祚《せんそ》（皇位継承）した睦仁《むつひと》親王（明治天皇）は数えの一六という若さである。内憂外患の舵取が出来る年齢ではない。薩摩藩はじめ幕府打倒を考える勢力は、将軍徳川慶喜が新天皇との間に信頼関係を築くのを恐れた。一方、慶喜は三月五日、二二日に兵庫開港の勅許を願い出たが、いずれも却下されてしまう。

京都では島津久光の主導で松平春嶽・山内容堂・伊達宗城の四侯が集まり、会議を開き、二条城で慶喜に会って長州処分を優先するよう求めた。だが慶喜は期限が迫っているのを理由に兵庫開港の優先を主張する。

西郷隆盛などは兵庫開港の失敗により、慶喜を政権の座から引きずり降ろし、有力大名による会議体を創立したい。ところが慶喜は朝廷に乗り込み、五月二三日夜から翌二四日午後にかけての長い会議の末、兵庫開港の勅許を獲得してしまう。一方、長州処分は寛大にせよと幕府の裁量に任された（期日どおり神戸開港が実現される）。

薩摩藩の激派や王政復古を願う岩倉具視ら公家、そして朝敵として息を潜める長州藩などは衝撃を受ける。新しい天皇を、慶喜が掌握したと見た。

ここに至り政権交代の手段として、薩摩藩では武力を用いた討幕が検討段階に入る。

情勢探索のため京都の薩摩藩邸に潜伏していた長州の奇兵隊軍監山県狂介は島津久光に拝謁し、六連発のピストルを贈られた。さらに山県は小松帯刀から、

「幕府の譎詐奸謀《きっさかんぼう》は尋常の手段をもっては挽回出来ない。そこで長薩連合が力を合わせ、天下に大義を示そう」

と激励され、薩摩藩の真意は武力討幕にありと確信し、帰国してゆく（山県有朋『懐旧記事』明治三一年）。

薩土盟約

四侯会議の頃から、薩摩藩と土佐藩が急接近する。

兵庫開港の勅許が出る直前の慶応三年（一八六七）五月二一日夜、京都で中岡慎太郎は土佐藩の乾退助（板垣退助）を薩摩藩の小松帯刀・西郷隆盛・吉井友実に紹介した。乾は武力討幕

に賛意を示し、三〇日で土佐藩を挙兵させて見せると豪語して西郷らを喜ばせる。もっともこれは私的な密約に過ぎない。

当時、土佐藩を代表していたのは参政の後藤象二郎である。後藤は土佐藩が建言して将軍慶喜に大政奉還を行わせ、幕府を廃し、公議政体の議事院を設立する構想を抱いていた。

六月九日、後藤は龍馬とともに藩船夕顔で長崎から上方に向かう。だが、一四日に後藤が京都入りした時、四侯会議が失敗し、すでに容堂は帰国していた。後藤は大政奉還論を在京の土佐藩重役たちに説き、理解を求める。

大政奉還自体は、目新しい考えではない。たとえば幕府が朝廷から攘夷実行を迫られた文久二年（一八六二）一一月、幕臣大久保一翁は政権返上、徳川を一大名とする案を献策したため処罰された。松平春嶽も慶喜が徳川宗家を継いだ時、大政奉還を勧めている。問題は、それを慶喜に突き付けるタイミングであった。

後藤は六月二二日夕、土佐藩を代表する寺村左膳・真辺栄三郎と共に京都三本木の料亭で小松帯刀・西郷隆盛・大久保利通ら薩摩藩首脳と会談し、これに浪士代表の龍馬と中岡が同席した。土佐藩が大政奉還運動を行うにあたり、長州藩と結んで挙兵準備を進めている薩摩側の了解を得ておく必要があったからだ。この席において土佐側が提示した大政奉還論に薩摩側も一応同意し、「薩土盟約」が結ばれた。

後藤象二郎の帰国

大政奉還運動を認めたからと言って、小松・西郷・大久保らは武力討幕を諦めたわけではない。西郷らは土佐藩による大政奉還運動は幕府が拒否し、失敗すると予測した。その時こそ、武力討幕を正当化する根拠が生まれるのである。武力討幕はリスクがあまりにも大きく、薩摩藩内でも抵抗が強かった。それらを押さえ、武力討幕への決断を促すためにも大政奉還運動を失敗させるのが望ましかった（井上勲『王政復古』平成三年）。

慶応三年（一八六七）七月になり後藤象二郎は、一〇日後に軍事的圧力のための兵二大隊を率いて上京すると告げ、海路帰国した。武力討幕論の高まりを土佐から苦々しく眺めていた容堂は後藤の論を採用し、実現のための周旋を命じる。ただし容堂は兵力を後ろ盾にすることを禁じ、将軍職廃止も建白から外させた。

ただちに京都に引き返そうとした後藤だったが、とんでもないトラブルに巻き込まれ、二カ月もの間拘束されてしまう。

七月八日、長崎丸山でイギリス船イカロス号の水夫が何者かに斬り殺されるという事件が起こり、イギリス側が海援隊士に嫌疑をかけて来たのだ。このため後藤はイギリス公使ハリー・パークスとの会談に引っ張り出されたりと、龍馬とともに対応に追われた。いくらイギリス側が土佐藩に迫っても話が進まなかったのは、全くの冤罪だったからである。維新後、犯人は福岡藩士金子才吉であると判明した。金子は事件後自決し、福岡藩は事実を隠蔽していたのだ。このため、パークスは容堂に詫び状を出したとの後日談がある。

ようやくイギリスとの交渉から解放された後藤は九月二日、高知を船で発ち、翌日大坂に到着した。だが、六月の時点で大政奉還論に同意していたはずの小松や西郷らは、時機は去った、情況は変化したとして挙兵を主張し譲らない。五日には薩摩藩の軍勢が、大坂に到着した。九日にも後藤は小松・西郷・大久保に会い、挙兵の延期を求めたが応じてもらえなかった。実は幕府が大政奉還を実現する空気が濃厚になっており、西郷らは焦っていたのである。

小銃を土佐へ

「坂本龍馬」の名は一般的に「薩長同盟」と「大政奉還」の立役者として知られる。慶応三年(一八六七)六月、龍馬が土佐藩船夕顔の中で後藤象二郎に示したという「船中八策」の第一条には、

「天下の政権を朝廷に奉還せしめ、政令宜しく朝廷より出づべき事」(『龍馬の手紙』)

とあった。これを後藤が山内容堂に示し、大政奉還は実現したとされて来た。だが近年、「船中八策」そのものが明治以後の創作であることが解明されて(知野文哉『「坂本龍馬」の誕

生』平成二五年）、龍馬を提唱者とする根拠が崩れてしまった。後藤が携えていた大政奉還論が、果たして龍馬から出たものだったかは不詳である。それどころかこの頃の龍馬の動きは、何かと不可解だ。

イギリス水兵斬殺事件が一段落つくと、龍馬は土佐から長崎に戻ってゆく。九月一八日にはオランダ商人ハットマンより一万八千八七五両で仕入れたライフル小銃千三〇〇挺のうち千挺を芸州藩船震天《しんてん》丸に積み込み、長崎を発ち土佐高知を目ざす。

途中、二〇日に下関へ上陸した龍馬は伊藤俊輔から、薩摩藩の使者として大久保利通が長州藩に派遣されて来たことを聞かされる。

大久保と大山綱良（格之助）は一八日、山口で長州藩主父子に謁見し、つづいて木戸孝允や広沢真臣らと京都での決起につき協議した。天皇の身体を確保するため宮中政変を起こし、武力討幕に進もうと誓い合う。藩主毛利敬親は「『玉《ぎょく》』を奪われるな」と、大久保に注意を与えた。玉とは天皇を指す隠語である。だから伊藤は龍馬を、

「もし貴藩が因循《いんじゅん》で、貴君の意の如くならぬ時は、その小銃を長州の方へ廻してくれ」（中原邦平『伊藤公実録』明治四四年）

と、挑発した。「貴君の意」とは何か。龍馬は土佐藩を大政奉還から武力討幕に転換させようと考えていたのである。

最後の帰省

その日、慶応三年（一八六七）九月二〇日、龍馬は下関から山口の藩政府にいる木戸孝允に書簡を発した。それは長崎で「上国の事種々気にかかり」なので独断で小銃を買い求めたこと、土佐へ運ぶ途中下関に上陸して伊藤俊輔に会ったことなどが述べられる。続いて「急々本国（土佐藩）をすくわん」ために面会したいが、時間が無いと残念がり、次のようなとんでもないことを言う。

「小弟思ふに是れよりかへり乾退助に引き合い置き、夫より上国に出候て、後藤庄次郎を国（土佐）にかへすか、又は長崎へ出すかに仕るべくと存じ申し候」

なんと、龍馬は土佐に帰り、武力討幕を唱える乾退助を前面に出し、上方で大政奉還運動のために奔走する後藤を帰国させるか、左遷させると知らせているのだ。無論龍馬に、土佐藩重役の人事を動かす権限など無い。この部分は虚勢を張っているのだろうが、大政奉還運動が危うくなっていると見ていたことはうかがえる。

大政奉還運動に関して言えば、どうも龍馬の言動には信念のようなものが感じられない。龍馬にとり重要課題は、土佐藩をいかに天皇を頂点とする新国家の中で優位に立たせるかにあったからだろう。大政奉還が上手く進まぬなら、武力討幕に切り替えても構わないのである。

容堂に従い土佐に帰国した乾は大監察に任ぜられ、軍政改革を進めていた。京都で西郷らに武力討幕を豪語したからか、薩長間でもその名は知られる存在になっていた。木戸の九月四日、龍馬宛て書簡では「乾頭取と西郷座元と得と打ち合せに相成り居り、手筈《てはず》きまり居り候事、尤も急務かと存じ奉り候」と、討幕を狂言に見立てる。木戸の眼中には、後藤はすでに無い。

龍馬は久々に伊藤助太夫家に二泊して、妻りょうとの時を過ごした。二二日、龍馬は下関を発ち、土佐を目指す。これがりょうとの永訣になった。

土佐では後藤が大政奉還建白を書き上げ、二一日、京都に向かう。入れ替わるように二四日、龍馬が土佐に到着する。二五日、龍馬はひそかに仕置役渡辺弥久馬（斎藤利行）や大目付本山只一郎を呼び出して薩長の動向を知らせ、小銃千挺納入の手続きにつき話し合う。結局小銃は土佐藩が受け入れるのだが、これは容堂が大政奉還建白から削らせた、兵力を背景とする旨を認めることを意味していた。

坂本龍馬旧宅跡（高知市）

土佐藩主山内豊範の「御直筆日記」によれば、二五日に龍馬から薩摩・長州・芸州藩が武力討幕のため上京するとの情報が、藩に知らされた。これを受けて重臣、重役は容堂の隠居所である散田屋敷に集まり、会議を開く（『山内家史料　幕末維新・六』昭和五九年）。

この間、龍馬は数年ぶりに本丁筋の坂本家に帰って二泊し、家族とつかの間の時を過ごしたが、これが最後の帰省になった。

高岡郡宇佐浦の真覚寺住職静照の日記には、龍馬が御前に呼ばれて容堂より大義料五〇両を賜り、龍馬はそれを乙女と乳母に与えたとの風説が記されている。大義料はともかく、容堂が直接会ったというのはこの時期の龍馬の藩内における不安定な立場からすれば、考え難い。

大政奉還の実現

土佐を発った龍馬が、海路大坂を経て京都に入ったのは慶応三年（一八六七）一〇月九日朝だった。

一〇月三日、後藤象二郎は老中板倉勝静《かつきよ》に面会し、大政奉還を進言する建白を出していた。六日には芸州藩からも、同趣旨の建白が出される。こうなると方向性を見失っていた幕府は、大政奉還に傾かざるをえない。龍馬の危惧をよそに、大政奉還運動は順調に進んでいた。一方、薩土盟約を破棄した薩摩藩は長州藩とのつながりを深め、武力討幕の準備を進める。

この頃、龍馬は後藤宛て書簡で慶喜が大政奉還を行わない場合は、銀座を江戸から京都に移せば「将軍職は其のまゝにても、名ありて実なければ恐るゝにたらず」と言う。さらに「御国（土佐）より兵をめし、御自身（後藤）は早々御引き取り、老侯様（容堂）に御報じ然るべしと存じ奉り候」と、後藤に帰国を促し、ただちに武力討幕に切り替えるよう提案する。

将軍徳川慶喜は一〇月一二日、在京の京都守護職松平容保、京都所司代松平定敬らを二条城に呼び出し、大政奉還建白を受け入れる決意を示した。つづいて一三日には、在京四〇藩の代表をやはり二条城に集め、同様の決意を示し、それぞれの藩主の上京を命じた。また小松帯刀や後藤ら数名は別途に慶喜に謁見して、意見を求められた。

その日、龍馬は二条城に向かう後藤にあてた書簡で、建白が採用されなかった場合は慶喜の下城を待ち、海援隊士に襲撃させるとし、「先生（後藤）に地下（あの世）に御面会つかまつり候」と発破をかけた。これに対し後藤も、失敗すればもちろん生還するつもりはないが、あるいは後日の挙兵に備えるため、飄然と下城するかも知れないなどと返信している。

慶喜は翌一四日、大政奉還を朝廷に奏聞し、翌一五日に勅許が出た。こうして政局は諸侯会議、公議体制へと向かってゆく。またしても武力討幕派は窮地に立たされた。

一方、薩摩藩や公家の岩倉具視らは水面下で討幕の密勅降下のために暗躍していた。まず一〇月一三日、長州藩主父子の官位復旧が内部で沙汰され、朝敵の烙印が消された。一三日に薩摩藩主父子あて、一四日に長州藩主父子あてに「討幕の密勅」が下る。それは「詔す」に始まり、慶喜の罪を並べ立て、「汝、よろしく朕の心を体し、賊臣慶喜を殄戮《てんりく》し、以て速やかに回天の偉勲を」行えと命じている。これに付随し、薩長両藩主に松平容保の討伐が命じられた。

ところが一五日に大政奉還が勅許されたため密勅は無効になり、二一日に停止された。それでも小松・西郷・大久保は密勅を携え、帰国する。長州藩にとっては密勅を受けたことにより、薩摩藩と対等なポジションに立つことが出来たと確認する意味があった。そうすると、密勅は外部に向けて武力討幕の大義名分を示すのではなく、内部の反対派を押さえこむ目的で作られたと解釈する方が妥当であろう。

新政府綱領八策と諸侯会盟

徳川慶喜の大政奉還は慶応三年(一八六七)一〇月一五日に勅許されたが、翌日から新政権がスタートするわけではない。朝廷の名で一〇万石以上の大名を京都に集め、会議で新政権を誕生させ、入札《いりふだ》(選挙)で政権の代表も決めるのだ。

それまでは、内政も外政も慶喜が担当する。だから征夷大将軍職もそのままで、権力の経済的基盤となる天領も手放していない。天領は旗本領も含めると、全国の四分の一を占めるという、大規模なものだった。

大政奉還後、龍馬は有名な、いわゆる「新政府綱領八策」を作成している。大政奉還を提唱した「船中八策」と混同されることが多いが、別の史料（おそらく「船中八策」創作のモデルになった）である。諸侯会議を経て誕生するであろう国家構想を、八カ条に分けて次のように書き出す。

第一義　天下有名の人材を招致し、顧問に供う。
第二義　有材の諸侯を撰用し、朝廷の官爵を賜い、現今有名無実の官を除く。
第三義　外国の交際を議定す。
第四義　律令を撰し、新たに無窮の大典を定む。律令既に定れば諸侯伯皆比を奉じて部下を率す。
第五義　上下議政所。
第六義　海陸軍局。
第七義　親兵。
第八義　皇国今日の金銀物価を外国と平均す。
右あらかじめ二、三の明眼士と議定し、諸侯会盟の日を待って云々。
〇〇〇自ら盟主となり、此を以て朝廷を奉り、始めて天下万民に公布云々。
強抗非礼公議に違う者は断然征討す。権門貴族も貸借することなし。
慶応丁卯十一月　坂本直柔」

広く人材を登用し（一・二）、外国と交際し（三）、法を定め（四）、二院制の議会を設け（五）、海軍・陸軍・親兵を置き（六・七）、外国との間に為替レートを定める（八）というのが大要だ。

龍馬と「二、三の明眼士」により練られた案だとする。おそらくは後藤象二郎を通じ、土佐藩の国家案として諸侯会盟で提示してもらいたいと考えたものであろう。新政権の盟主を〇〇〇としたのは慶喜公や容堂公を想定したとか解釈されるが、これは入札で決まるのだから龍馬の好みで人名を入れるわけにはいかない。

二通ある「新政府綱領八策」

怪しげな「船中八策」とは違い、「新政府綱領八策」には龍馬自筆と伝えられる同文の文書が二点もあり、国会図書館憲政資料室（国会本）と下関市立歴史博物館（下関本）にそれぞれ所蔵されている。

国会本は土佐出身の海援隊士で、維新後は長崎・千葉県令、高知県知事、貴族院議員などを務めた石田英吉のもとに伝わった。「亡友帖」と題された巻子に高杉晋作や中岡慎太郎の遺墨とともに張り交ぜられている。石田は確かに龍馬の身近にいた人物だが、どのような経緯で手に入れたかは分かっていない。

下関本はかつて、『維新勤王家芳墨集』に京都市の「古聖堂」を所蔵者として写真が掲載さ

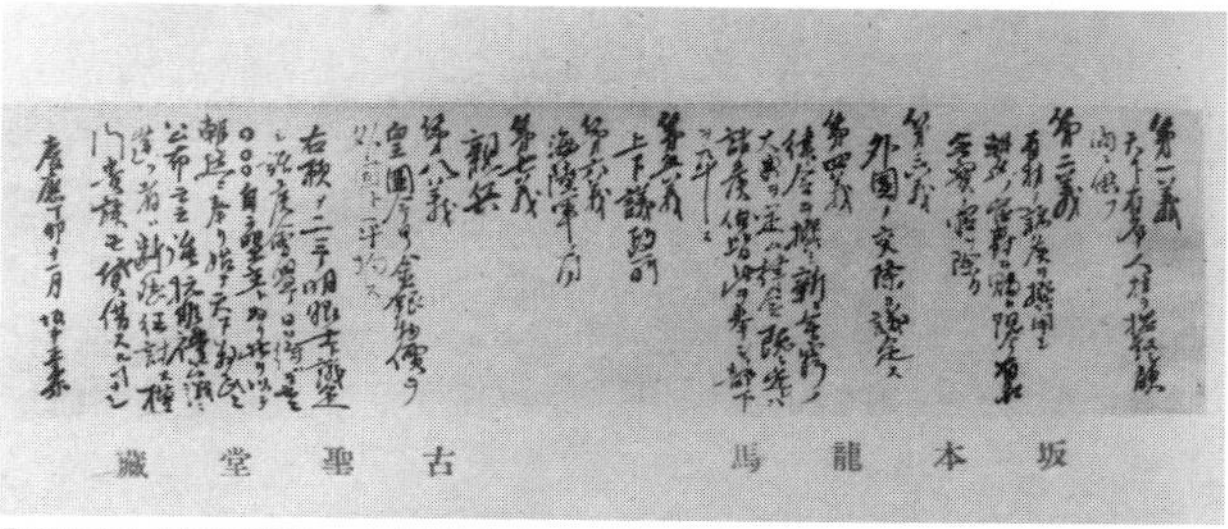

『維新勤王家芳墨集』に掲載された「新政府綱領八策」

れている。この本は京都恩賜博物館（現在の京都国立博物館）で開催された明治維新関係者の遺墨展の図録で、便利堂から昭和二年（一九二七）八月に出版された。

出版時の所蔵者「古聖堂」は、現在の京都市中京区西河原町通り御池西辺にあった。設立者は長州出身の今井太郎左衛門（似幽《じゆう》）で、維新後みずからが収集した「志士」たちの遺墨を納める施設として古聖堂を旧長州藩邸内に建てた。今井は明治一〇年（一八七七）に他界したが、建物は昭和二〇年四月の強制疎開で失われるまで残っていたらしい。

下関本は掛軸に装丁されており、平成六年（一九九四）に私が確認したところによると、大正八年（一九一九）三月、長州出身の野村素介（素軒）の箱書が付く。そして昭和一四年（一九三九）四月三日、下関の商家永積家から長門尊攘堂（下関市立歴史博物館の前々身）に、寄贈されたとの記録がある。つまり昭和二年から一四年の間に古聖堂から下関の永積家に譲られたのだろう。コレクターでもあった今井あるいは古聖堂が、どのような経緯で入手したかは分かっていない。伝来の点から見ても疑問が残る史料である。

龍馬が複数書き、さまざまな勢力に回覧させた可能性も考えられよう。だが、紙のサイズが異なるのに（国会本一九・〇×五九・三センチ、下関本一五・四×五七・六センチ。『2010年NHK大河ドラマ特別展　龍馬伝』図録〈平成二二年〉による）、改行部分がすべて同じというのは不自然などの指摘もあり、真贋問題が解決されているとは言い難い。筆跡をそっくりに写し取る技術を持つ贋作者は確かにおり、私もそうした贋物をたくさん見て来た。史料の基本的な性格に係わる問題なので、細部にわたる筆の勢いなどさまざまな点から二点を検証する必要があるように思う。

なお、『坂本龍馬関係文書・一』には「男爵岩崎小弥太氏蔵」、坂崎紫瀾編「坂本龍馬海援隊始末」（『坂本龍馬関係文書・二』所収）には「谷子爵家蔵」として「新政府綱領八策」が翻刻されている。写真が掲載されていないので、これらが国会・下関本のいずれかに該当するのか、あるいは別物なのかは分からない。三点目が存在する可能性も、現在のところ否定出来ない。

龍馬の福井行き

龍馬自身は新政権に加わる気はなく、「世界の海援隊」をやると言ったとの有名な逸話がある。だが、三条実美に仕える戸田雅楽《うた》（尾崎三良《さぶろう》）が龍馬と共に作った新政府の「職制案」には「参議」として岩倉・西郷・大久保・木戸・後藤らと共に龍馬の名が挙がっており、権力の中枢に加わるつもりだったことをうかがわせる（『尾崎三良自叙略伝・上』昭和五一年）。八策でもくり返したとおり、龍馬は新政権の人材獲得のため熱心に走り回っていた。

松平春嶽宛ての山内容堂の親書を届けるべく、龍馬は土佐藩士岡本健三郎とともに慶応三年（一八六七）一〇月二八日、福井に到着する。一一月一日に春嶽に拝謁して役目を果たした龍馬は翌二日、財政に通じた三岡八郎（由利公正）を、自身が宿泊していた城下の烟草屋という旅館に呼び出す。

三岡は文久三年（一八六三）の挙藩上洛計画を進めたため、謹慎中だった。福井・土佐藩の役人が見守る中、二人は炬燵に入り、朝から深夜まで、これからの日本の諸問題について十数時間にわたり語り合ったという。

戦争の兆しさえあるにもかかわらず、新政権の財源は実に貧弱だった。その打開策として三岡は、福井藩の藩札発行を例にとり、金札発行を提案する。後日龍馬の推薦もあり三岡は参与として新政府に招かれ、会計官知事として会計基本金調達、太政官札発行など初期の財政、金融政策をリードすることになった。

翌三日、龍馬は福井を発ち、京都に帰ってゆく。

龍馬暗殺

大政奉還に反発した徳川一門、特に会津・桑名藩の跳ね返りは薩摩・土佐藩の関係者を元凶と見なし、武力によるクーデターを企てていた。当時、龍馬は京都では河原町の商家近江屋を宿としていたが、刺客の影に脅えていたことは慶応三年（一八六七）一〇月一八日、友人の土佐藩士望月清平に宛てた書簡からもうかがえる。近くの土佐藩邸は、「御国表の不都合（脱藩の前科）」がある龍馬を保護してはくれない。不用心だからと、吉井友実が二本松の薩摩藩邸に来るよう誘ってくれたが、それでは土佐藩に対し「実にいやみ」になるのでと、断っている。はじめ近江屋の土蔵にいたが、風邪を引いたため当主の配慮で母屋の二階に移った。

ここの奥の間で一一月一五日午後八時ころ、数人の刺客が談合中の龍馬と中岡慎太郎を襲う。龍馬は床の間に置いていた吉行を抜くことも出来ず、額や背を斬られ、間もなく絶命した。中岡も屏風の裏に置いていた短刀を抜く暇も無く一一カ所も斬られ後、屋根に逃れたが一七日に落命した。享年は龍馬三三、中岡三〇、巻き添えを食った従僕の藤吉《とうきち》は二五だった。三人の遺骸は一七日夜、同志たちの手でひそかに東山霊山《りょうぜん》に埋葬される。

刺客は当時、新撰組と目されたが、その後今井信郎らの供述もあり、佐々木只三郎を首領とする幕府の見廻組六、七名の仕業であることが判明した。

なお、龍馬が心待ちにしていた諸侯会議はついに開かれぬまま、慶応三年一二月九日、王政復古の大号令により天皇を頂点とする新政権が誕生する。諸侯会議で入札が行われれば、慶喜を戴く新政権が合法的に誕生する可能性が高い。それを恐れた武力討幕派が、政変を仕組んだのである。

同時に三条実美ら七卿と長州藩主父子の復権が、正式に決まった。翌一〇日、京都近郊に待機していた長州軍の総督毛利内匠《たくみ》は三中隊を率いて念願の京都入りを果たし、御所に参内して中山忠能《ただやす》から多年王事に尽くした労をねぎらわれ、御所の警護を任された。

当然ながら総裁・議定・参与から成る新政権の中に、慶喜の名は無かった。それどころか新政権は慶喜に辞官、納地を迫る。慶喜側の怒りは翌年、戊辰《ぼしん》戦争となって火を噴くことになる。

木戸孝允は、政権交代は「膏薬療治《こうやくりょうち》」ですみやかに表面だけ整えたら、他日ふたたび禍害《かがい》が生じると、徹底した戦争遂行を唱えた。晋作が望んだとおり、強引な内戦を経て白黒をはっきりさせて、明治日本は誕生した。

海援隊と奇兵隊の末路

海援隊は隊長龍馬を失った後、土佐藩大監察佐々木高行の指揮を仰ぐ。鳥羽・伏見の戦いの知らせが長崎に届くや長崎奉行所接収などに活躍したが、閏四月二七日に土佐藩から解散を命じられ、以後は振遠隊《しんえん》などに形を変えてゆく。後年、陸奥宗光に伯爵、中島信行・野村維章《これあき》・石田英吉・関義臣にそれぞれ男爵の爵位が授けられている（『海援隊始末記』）。

一方、晋作が創設した奇兵隊の末路は、悲惨だった。

そもそも晋作が奇兵隊総督を務めたのは、最初の三カ月程だったとは前に述べたとおりである。また、奇兵隊に民衆を入隊させたのが晋作の本意だったかも怪しい。

だが、ともかく晋作は自身が奇兵隊の創設者であることを誇りとしていたのは確かである。下関で挙兵した元治元年（一八六四）一二月半ば、晋作は同志大庭伝七あて書簡で自分の墓碑銘を表は「故奇兵隊開闢《かいびゃく》総督高杉晋作」云々、裏は「毛利家恩古臣《おんこのしん》高杉某嫡子也」と刻むよう指示する。封建秩序を破壊しかねない奇兵隊の生みの親であることと、毛利家に仕えて来た譜代の臣であることを同時に誇りとしているのだ。

こうした矛盾が引き金になり、晋作没後、「脱隊騒動」が勃発する。

民衆を動員して討幕、維新を成し遂げた長州藩は戊辰戦争が終わるや、奇兵隊はじめ諸隊を不必要な軍事力と考え、持て余すようになった。当時凱旋して来た兵士は五千人を数えたとされ、藩の台所を脅かす存在となってゆく。

山口藩（長州藩あらため）は明治二年（一八六九）一一月、諸隊から二千二五〇人（四大隊）を精選して常備軍とし、残りを解散させるという兵制改革を断行する。中央集権を進める明治日本の中で、常備軍はいずれ天皇の親兵になるはずだった。

だが、論功行賞は不十分なままで、精選も身分が重視されるとの不公平が目立った。特に農家の次男以下の者たちは突然、家に帰らされても耕す田畑がない。だからこそ兵士になるべく、命がけで戦って来たのだ。

あまりにも苛酷な藩の仕打ちに憤慨した千二〇〇人の兵士たちは一二月になると隊を脱して宮市に屯集し、藩内に一八の砲台を築き、藩政府と対決する構えを見せる。さらに除隊していた者も駆けつけたりして、脱隊兵は二千人にも膨れ上がった。

政府高官となっていた木戸孝允は東京から山口に帰り、徹底した弾圧を主張する。こうして翌三年二月から、藩政府による武力鎮圧が行われた。脱隊兵は各地で敗れ、捕らえられて、一〇〇人を超す刑死者を出す。斬られる兵士たちの何人かは、刑場で暴れて抵抗したとの話が伝わる。こうして民衆的要素は排除され、奇兵隊はじめ諸隊の歴史に幕が下ろされた。

奇兵隊や諸隊がその後日本の近代化に及ぼした影響は、計り知れないものがある。維新直後から長州出身の兵部大輔《ひょうぶだゆう》大村益次郎は国民皆兵による国軍建設を目ざすが、その根底には身分の枠を越えた奇兵隊の経験があった。だが大村は、急進的な兵制改革に反発する不平士族に京都で襲われ、明治二年一一月五日に四六歳で他界した。

大村の後継者となったのが、奇兵隊軍監山県有朋である。陸軍卿山県の主導で明治六年、政府は徴兵令を公布し、満二〇歳以上の男子に兵役の義務を課す。奇兵隊からは陸軍大将、元帥の山県有朋、陸軍中将の三浦梧楼《ごろう》・三好重臣・三好六郎・鳥尾小弥太・滋野清彦をはじめ、明治陸軍の基礎を築いた人材が輩出された。

妻たちのその後

りょうは夫の龍馬が京都で暗殺された時、下関の伊藤家にいた。明治元年（一八六八）四月には龍馬の遺志により、土佐高知の坂本家に身を寄せる。ところがりょうは、坂本家に馴染めなかった。

恋愛結婚だったから、古い因習の残る坂本家では、なかなか妻として認めてもらえなかったようだ。りょうは後年、龍馬の兄権平夫婦に苛められたと回顧している。あるいは姉乙女と不仲だったとか、りょう自身の素行が悪かったとかいう話が坂本家側に残るという（土居晴夫『坂本龍馬とその一族』昭和六〇年）。

明治三年（一八七〇）、土佐を飛び出したりょうは京都霊山の龍馬墓の傍らに草庵を建て、その菩提を弔った。しかし、ここでもトラブルが起こり明治六年ころ、東京へ出る。そして神奈川の料亭で仲居として働いたりしたが、明治八年、五つ年下の西村松兵衛と再婚して西村ツルと名を変えて、神奈川県三浦郡豊島村字深田（現在の横須賀市）の場末の長屋で暮らす。松

晋作の妻マサ（大正11年）

龍馬の妻りょう（明治30年代）

兵衛は商人として成功した時期もあったが、このころはテキ屋に類する大道芸人に落ちぶれていたという。

明治三〇年、安岡重雄（秀峰）という郵便局員がおりょうを訪ねて、龍馬との思い出を聴取した。これが「反魂香《はんごんこう》」などと題され、同三二年二月から翌三三年七月にかけて前後一四回にわたり青年向け雑誌『文庫』に掲載される。つづいて高知県から上京して漢学を学んでいた川田瑞穂（雪山）も、りょうの回顧談をもとに執筆し高知の『土陽新聞』に掲載した。

りょうの記憶に残る龍馬は、破天荒でいささか下品な若者だ。大名だと偽って祇園で遊んだり、りょうを置き去りにして新撰組から逃げたりと、英雄らしからぬ一面も見せる。当時主流だった「王政復古史観」に添って龍馬を語ろうとした気配は、まったく感じられない。

りょうが没したのは明治三九年一月一五日のこと。享年六八。横須賀の信楽寺《しんぎょうじ》には夫松兵衛や妹中沢君枝らにより「贈正四位阪本龍馬之妻龍子之墓」と刻む、立派な墓が建てられた。おそらくは、政治的な思惑もあったのだろう。松兵衛の妻では都合がよろしくなかったのだ。

波瀾万丈と呼ぶにふさわしいりょうの後半生に比べると、高杉晋作の妻マサには語るべきエピソードはほとんど無い。維新後は晋作の両親と山口で暮らし、明治一〇年ころ、息子東一の教育のために上京している。大正二年（一九一三）に東一に先立たれたのは、辛かったであろう。大正五年は晋作の五〇年祭にあたり、七二歳になるマサはいくつかのマスメディアから取材を受けた。その中で、

「私は高杉といっしょにいましたのは、ほんのわずかの間で、その間東行はいつも外にばかり出ていました上に、亡くなりましたのが、未だ二十九という、ほんの書生の時でございましたから、私はなんにも東行についてお話しする記憶はございません」（『日本及日本人・六七七号』）

と、語っているのが印象的である。名門高杉の嫁として、あらゆる感情を胸の中で押し殺して生きていたのだろうか。晩年はうなされることも多かったという。東京麻布の自宅で大正一一年一一月五日、七八歳で他界した。

時代に挑み続けた男たちの人生に巻き込まれた女たちもまた、平穏な暮らしを得ることすら

も許されなかったのである。

利用される龍馬と晋作

国内の騒乱が一段落すると、国家は明治維新の顕彰にとりかかる。坂本龍馬は明治一六年（一八八三）五月、高杉晋作は明治二一年四月に東京の靖国神社に合祀された。龍馬の方が五年早いのは、この時土佐グループがまとめて合祀されたからで、他に意味は無い。さらにふたりとも、明治二四年四月に正四位《しょうしい》を追贈された。明治を前に没した「幕末志士」では吉田松陰や武市半平太などと同じく最高位である。晋作の息子東一は爵位を望んで請願したが、これは却下されている。明治以前に没した晋作も龍馬も叙爵の対象にはならなかったのである。

一方、民衆もふたりを英雄に祭り上げてゆく。

明治八年（一八七五）から翌九年にかけて、晋作を山口県の下関や俵山温泉で目撃したとの情報が、新聞を賑わせた。晋作は、

「百万の蒼生《そうせい》（人民）未だ春を知らず。共に目出度《めでた》く春を見る日もありせう」

と述べたとある。むろんニセモノだが、明治初期の急激な改革のしわ寄せを食らった民衆が、晋作の不死伝説を創ったらしい。そうした風潮が面白くなかったのか、政治家として栄達を究める伊藤博文や井上馨は「なに高杉の如きもの、今日にあつては言ふに足らず」（無可有郷主人

『山県有朋』明治二九年）と言ったという。

龍馬は明治一六年、高知の『土陽新聞』に連載された坂崎紫瀾『汗血千里駒』で一躍大衆の人気を得る。実は龍馬を主人公にした、自由民権運動のプロパガンダ政治講談なのだが、政治的思惑を飛び越して単行本は一大ベストセラーとなり、坂崎が描く自由と平等を求める龍馬像は多くの人々を魅了した。

こうして大衆の英雄となったふたりを、軍部がイメージキャラクターにして利用する。日露戦争の頃には昭憲皇太后《しょうけんこうたいごう》の夢枕に龍馬が立ち、日本の勝利を予言したとマスコミが宣伝した。晋作は国民皆兵、陸軍の先覚者とされる。大正五年（一九一六）の没後五〇年祭の記念会発起人総代は政界軍部に君臨する山県有朋が務め、五月には靖国神社で式典や遺墨展が催された。

昭和八年（一九三三）三月にはジュネーブの国際連盟会議で、満州からの撤兵を勧告された日本の首席全権松岡洋右《ようすけ》が晋作の「意気」を偲んで席を蹴り、連盟を脱退している。松岡は宿舎に晋作の詩書を掲げていた（野原秋草『維新の英傑高杉晋作』昭和八年）。山口県出身の松岡の胸中にあったのは四ヵ国連合艦隊との講和談判で、彦島租借を要求された晋作が、記紀を説き突っぱねたとのフィクションだったか。だが、国際連盟脱退はフィクションでは済まされず、大陸侵略を続けた日本は窮地に立たされ、やがて太平洋戦争へと突入してゆく。

日本では明治二六年に靖国神社に大村益次郎銅像が建立されたのを皮切りに銅像ブームが起

晋作陶像（下関市）

龍馬銅像（高知市）

こり、政治家や軍人の銅像が次々と各地にお目見えした。

そうした波に乗り昭和三年五月に「高知県青年」の力を結集させたという龍馬銅像（本山白雲作）が、高知市桂浜に建立される。除幕式には軍艦が駆けつけ、祝砲を放った。一方、晋作銅像（関野聖雲作）は昭和一一年四月、下関市日和山《ひよりやま》に建立された。中心になり事業を進めたのは、山口県出身の陸軍中将藤田鴻輔《こうすけ》だ。軍国主義に傾く時代を象徴するかのように晋作像の形相は険しく、関門海峡を睨みつけている。

龍馬銅像は海軍の先覚者との理由から、戦時中の金属供出を免れたという。だが、晋作銅像は関係者が供出を申し出て昭和一八年一二月に失われた。このため現在の日和山の晋作像は昭和三一年四月、備前焼で再建された陶像である。

このように龍馬・晋作は、戦争遂行にずいぶんと都合よく利用された。晋作の曽孫高杉勝（昭和七年生）は終戦の際、「これで自分のご先祖は歴史から消えたな」と思ったそうである。

ところが戦後、晋作は市民革命の、龍馬は民主主義の先覚者などと評価され、またも政治に利用されることになった。司馬遼太郎の『竜馬がゆく』『世に棲む日日』をはじめとする歴史小説やＮＨＫ大河ドラマの強い影響力もあり、現代でも龍馬・晋作を英雄視し、みずからを重ねるような政治家が跡を断たない。

おわりに

坂本龍馬・高杉晋作は尊王攘夷を唱えながらも海外に目を向けたり、経済を重んじたり、広く人材を求めたりと「近代」を感じさせる要素が強い。だから高く評価される。では、時代は本当にかれらの望んだ方向に動いたのかと言えば、これは怪しい。

晋作が最大のより所とした、治者としての武士の誇りは呆気なく捨て去られたし、龍馬が最期まで望んだ諸侯会議は開かれぬまま強引に新政権が誕生した。二人の間に立つ久坂玄瑞は、日本は自給自足出来る国だから、西洋列強の一方的な都合で貿易を始める必要は無いと言う。だが、明治日本は自給自足出来ない「近代」の方向へと舵を切り、いまや食糧自給率は四割を割った。現代日本を、かれらはあの世からどのように眺めるだろうか。

龍馬・晋作の生涯を辿ってあらためて感じたのは、二人とも周囲の人に恵まれていたということだ。家族や師、同志や友人はもちろん、敵にまで恵まれていたと思う。人に恵まれることがいかに重要かを、私は二人の享年をとっくに過ぎて気づくようになった。

それに関し、最後に私事にわたることを書かせていただく。昭和の終わり頃、大学生の私は新人物往来社という歴史書専門の出版社の吉成勇編集長（当時）と知り合うことが出来た。吉成編集長は二十歳《はたち》そこらの若造の意見に実によく耳を傾けてくれたが、同年代の知野文哉くん（のち『「坂本龍馬」の誕生』を著す）らと共に初めて提出した出版企画が『坂本龍馬と高杉晋作』だった。若かったから、等身大のふたりが動乱の中をどのように考え、生きたかを知りたいと切実に願っていたのだろう。夜丸の内ビルの会議室でああでもない、こうでもないと言いながら企画を練ったのが懐かしい。

結局処女企画は実現には至らなかったが、三十数年後、朝日新聞出版の岩田一平さんにお世話いただき、「朝日新書」の一冊として出版出来るのは感慨深く、有難いことだと思っている。そして、あの頃とは比較にならない程ひどい閉塞感と混迷の社会の中だからこそ、『坂本龍馬と高杉晋作』を読みたいと思っている若者がどこかにいると信じたい。

私が東京から山口県に移り住み、今年でちょうど三〇年という歳月が過ぎた。悲喜こもごも、龍馬・晋作を研究する中で出会ったたくさんの人たちのことなど思い出しながら、筆を措きたい。

令和二年秋

一坂太郎

一坂太郎　いちさか・たろう
歴史研究家。昭和41年（1966）兵庫県芦屋市生まれ。大正大学文学部史学科卒業。現在、萩博物館特別学芸員、防府天満宮歴史館顧問を務める。『わが夫 坂本龍馬』『久坂玄瑞』『語り継がれた西郷どん』『フカサクを観よ』など著書多数。『高杉晋作史料』『吉田年麻呂史料』『久坂玄瑞史料』などを編纂。

朝日新書
793

坂本龍馬《さかもとりょうま》と高杉晋作《たかすぎしんさく》

「幕末志士」の実像と虚像

2020年11月30日第1刷発行

著　者　一坂太郎

発行者　三宮博信
カバーデザイン　アンスガー・フォルマー　田嶋佳子
印刷所　凸版印刷株式会社
発行所　朝日新聞出版
〒104-8011　東京都中央区築地5-3-2
電話　03-5541-8832（編集）
　　　03-5540-7793（販売）

Published in Japan by Asahi Shimbun Publications Inc.
ISBN 978-4-02-295099-4
定価はカバーに表示してあります。

朝日新書

清須会議
秀吉天下取りのスイッチはいつ入ったのか？

渡邊大門

信長亡き後、光秀との戦いに勝利した秀吉がすぐさま天下人の座についたわけではなかった。秀吉はいかにして、織田家の後継者たる信雄、信孝を退け、勝家、家康を凌駕したのか。「清須会議」というターニングポイントを軸に、天下取りまでの道のりを検証する。

パンデミックを生き抜く
中世ペストに学ぶ新型コロナ対策

濱田篤郎

3密回避、隔離で新型コロナのパンデミックを乗り越えようとするのは、実は14世紀ペスト大流行の時と同じ。渡航医学の第一人者が「医学考古学」という観点から不安にならずに今を乗り切る知恵をまとめた。コロナ流行だけでなく今後の感染症流行対処法も紹介。

中流崩壊

橋本健二

経済格差が拡大し「総中流社会」は完全に崩壊した。そして今、中流が下流へ滑落するリスクが急速に高まっている。コロナ禍により中流内部の分断も加速している。『新・日本の階級社会』著者がさまざまなデータを駆使し、現代日本の断層をつぶさに捉える。

政治部不信
権力とメディアの関係を問い直す

南 彰

「政治部」は、聞くべきことを聞いているのか。斬り込む質問もなく、会見時間や質問数が制限されようと、オフレコ取材と称して政治家と「メシ」を共にする姿に多くの批判が集まる。政治取材の現場を知る筆者が、旧態依然としたメディアの体質に警鐘を鳴らす。

たのしい知識
ぼくらの天皇(憲法)・汝の隣人・コロナの時代

高橋源一郎

きちんと考え、きちんと生きるために——。明仁天皇のビデオメッセージと憲法9条の秘密、韓国・朝鮮への旅、宗主国と植民地の小説。ウイルスの歴史を、カミュ、スペイン風邪に遡り、たどりつく終焉、忘却、記憶、ことば。これは生きのびるための「教科書」だ。

コロナと生きる

内田　樹
岩田健太郎

人と「ずれる」ことこそ、これからのイノベーティブな生き方だ！「コロナウイルスは現代社会の弱点を突く〝21世紀の鬼っ子〟」という著者ふたりが、強まる一方の同調圧力や評価主義から逃れてゆたかに生きる術を説く。災厄を奇貨として自分を見つめ直すサバイバル指南書。

キリギリスの年金
統計が示す私たちの現実

明石順平

アリのように働いても、老後を公的年金だけで過ごすことは絶対不可能。円安インフレ、低賃金・長時間労働、人口減少……複合的な要素が絡み合う「年金制度」の未来とは。さらに、コロナ禍でますます悪化する日本財政の末路を豊富なデータをもとに徹底検証。

大阪から日本は変わる
中央集権打破への突破口

吉村洋文
松井一郎
上山信一

停滞と衰退の象徴だった大阪はなぜ蘇ったか。経済や生活指標の大幅改善、幼稚園から高校までの教育無償化、地下鉄民営化などの改革はいかに実現したか。「大阪モデル」をはじめ、新型コロナで国に先行して実効性ある施策を打てた理由は。10年余の改革を総括する。

朝日新書

疫病と人類
新しい感染症の時代をどう生きるか

山本太郎

新型インフルエンザ、SARS、MERS、今回のコロナウイルス……近年加速度的に出現する感染症は、人類に何を問うているのか。そして、過去の感染症は社会にどのような変化をもたらしたのか。人類と感染症の関係を文明論的見地から考える。

教員という仕事
なぜ「ブラック化」したのか

朝比奈なを

日本の教員の労働時間は世界一長い。また、教員間のいじめが起きたりコロナ禍での対応に忙殺されたりと、労働環境が年々過酷になっている。現職の教員のインタビューを通し、現状と課題を浮き彫りにし、教育行政、教育改革の問題分析も論じる。

ルポ　トラックドライバー

刈屋大輔

宅配便の多くは送料無料で迅速に確実に届く。だが、IoTの進展でネット通販は大膨張し、荷物を運ぶトラックドライバーの労働実態は厳しくなる一方だ。物流ジャーナリストの著者が長期にわたり運転手に同乗取材し、知られざる現場を克明に描く。

坂本龍馬と高杉晋作
「幕末志士」の実像と虚像

一坂太郎

幕末・明治維新に活躍した人物の中でも人気ツートップの坂本龍馬と高杉晋作。生い立ちも志向も行動様式も異なる二人のキャラクターを著者が三十余年にわたり蒐集した史料を基に比較し、彼らを軸に維新の礎を築いた志士群像の正体に迫る。

ミアン・サミ Mian Sami
1980年東京生まれ。両親はパキスタン人。国内のインターナショナルスクールで学んだあと、米国のデューク大学に入学。医療工学、電子工学を専攻、経済学を副専攻。在学中より株、FXなどに投資し資産運用も始める。大学卒業後、日興シティグループ証券に入社。その後、イギリス系のヘッジファンドに移籍。「金利のレラティブ・バリュー（裁定取引）」に特化し、最盛期には6000億円以上を運用した実績を持つ。その後、起業の失敗と金融業界への復帰などの紆余曲折を経て、さまざまな投資とビジネスを通して資産10億円以上を構築。現在は、ブロックチェーンの後継技術として期待される「ヘデラ・ハッシュグラフ」を普及させるアジア統括部長を務める。また「お金の科学者」として「サミーのファイナンスジム」を主宰。4男の父。主な著書に『毎月5000円で自動的にお金が増える方法』（かんき出版）がある。

朝日新書
778
教養《きょうよう》としての投資入門《とうしにゅうもん》

2020年8月30日第1刷発行

著者　ミアン・サミ

発行者　三宮博信
カバーデザイン　アンスガー・フォルマー　田嶋佳子
印刷所　凸版印刷株式会社
発行所　朝日新聞出版
〒104-8011　東京都中央区築地5-3-2
電話　03-5541-8832（編集）
03-5540-7793（販売）

Published in Japan by Asahi Shimbun Publications Inc.
ISBN 978-4-02-295087-1
定価はカバーに表示してあります。

落丁・乱丁の場合は弊社業務部(電話03-5540-7800)へご連絡ください。
送料弊社負担にてお取り替えいたします。

翻訳の授業
東京大学最終講義

山本史郎

めくるめく上質。村上春樹『ノルウェイの森』、芥川龍之介『羅生門』、シェイクスピア「ハムレット」、トールキン「ホビット」……。翻訳の世界を旅しよう！　AIにはまねできない、深い深い思索の冒険。山本史郎（東京大学名誉教授）翻訳研究40年の集大成。

関ヶ原大乱、本当の勝者

日本史史料研究会／監修
白峰 旬／編著

家康の小山評定、小早川秀秋への問鉄砲、三成と吉継の友情物語など、関ヶ原合戦にはよく知られたエピソードが多い。本書は一次史料を駆使して検証し、従来の〝関ヶ原〟史観を根底から覆す。東西両軍の主要武将を網羅した初の列伝。

シニアのための なぜかワクワクする片づけの新常識

古堅純子

おうちにいる時間をもっと快適に！　シニアの方の片づけには、この先どう生きたいのか、どう暮らしたいのか、限りある日々を輝いてすごすための「夢と希望」が何より大切。予約のとれないお片づけのプロが、いきいき健康に暮らせるための片づけを伝授！

コロナが加速する格差消費
分断される階層の真実

三浦 展

大ベストセラー『下流社会』から15年。格差はますます広がり、「上」と「下」への二極化が目立つ。コロナはさらにその傾向を加速させる。バブル・氷河期・平成3世代の消費動向から格差の実態を分析し、「コロナ後」の消費も予測する。

清須会議
秀吉天下取りのスイッチはいつ入ったのか？
渡邊大門

信長亡き後、光秀との戦いに勝利した秀吉がすぐさま天下人の座についたわけではなかった。秀吉はいかにして、織田家の後継者たる信雄、信孝を退け、勝家、家康を凌駕したのか。「清須会議」というターニングポイントを軸に、天下取りまでの道のりを検証する。

パンデミックを生き抜く
中世ペストに学ぶ新型コロナ対策
濱田篤郎

3密回避、隔離で新型コロナのパンデミックを乗り越えようとするのは、実は14世紀ペスト大流行の時と同じ。渡航医学の第一人者が「医学考古学」という観点から不安にならずに今を乗り切る知恵をまとめた。コロナ流行だけでなく今後の感染症流行対処法も紹介。

中流崩壊
橋本健二

経済格差が拡大し「総中流社会」は完全に崩壊した。そして今、中流が下流へ滑落するリスクが急速に高まっている。コロナ禍により中流内部の分断も加速している。『新・日本の階級社会』著者がさまざまなデータを駆使し、現代日本の断層をつぶさに捉える。

政治部不信
権力とメディアの関係を問い直す
南 彰

「政治部」は、聞くべきことを聞いているのか。斬り込む質問もなく、会見時間や質問数が制限されようと、オフレコ取材と称して政治家と「メシ」を共にする姿に多くの批判が集まる。政治取材の現場を知る筆者が、旧態依然としたメディアの体質に警鐘を鳴らす。

朝日新書

人生に必要な知恵はすべてホンから学んだ

草刈正雄

「好きな本は何？」と聞かれたら、「台本（ホン）です」と答える僕。この歳になって、気づきました。ホンとは、生きる知恵と人生の意味を教えてくれる言葉の宝庫だと。『真田丸』『なつぞら』をはじめ代表作の名台詞と共に半生を語る本音の独白。

渋沢栄一と勝海舟

幕末・明治がわかる！　慶喜をめぐる二人の暗闘

安藤優一郎

「勝さんに小僧っ子扱いされた――」。朝敵となった徳川慶喜に生涯忠誠を尽くした渋沢栄一と、慶喜に30年間も「謹慎」を強いた勝海舟。共に幕臣だった二人の対立を描き、知られざる維新・明治史を解明する。西郷、大隈など、著名人も多数登場。

教養としての投資入門

ミアン・サミ

本書は、投資をすることに躊躇していた人が抱えている不安を一気に吹きとばすほどの衝撃を与えるだろう。「自動投資」「楽しむ投資」「教養投資」の観点から、資産10億円を構築した筆者が、学術的な知見やデータに基づき、あなたに合った投資法を伝授。

新型コロナ制圧への道

大岩ゆり

爆発的感染拡大に全世界が戦慄し、大混乱が続く。人類はこの「戦争」に勝てるのか？　第2波、第3波は？　元朝日新聞記者が科学・医療の最前線を徹底取材。終息へのシナリオと課題を明らかにする。

危機の正体

コロナ時代を生き抜く技法

佐藤　優

「新しい日常」では幸せになれない。ニューノーマルは人間に何をもたらすのかを歴史的・思想的に分析。密集と接触を極力減らす〈反人間的〉時代をどう生き抜くか。国家機能強化に飲み込まれないためのサバイバル術を伝授する。

コロナ後の世界を語る

現代の知性たちの視線

養老孟司 ほか

22人の論客が示すアフターコロナへの針路！　新型コロナウイルスは多くの命と日常を奪った。第2波の懸念も高まり、感染への恐怖が消えない中、私たちは大きく変容する世界とどう向き合えばよいのか。現代の知性の知見を提示する。